再现词语里的

5000 年物质文明史

符合

大驾

管辖

权衡

锻炼

计较

模范

漆黑

参差

巾帼

规矩

斧削

一词一世界

①

齐吉祥 著

天津出版传媒集团
新蕾出版社

图书在版编目 (CIP) 数据

一词一世界 / 齐吉祥著 . -- 天津 : 新蕾出版社 ,
2024.2 (2025.4 重印)
ISBN 978-7-5307-7612-4

Ⅰ . ①一… Ⅱ . ①齐… Ⅲ . ①汉语 – 儿童读物 Ⅳ .
① H1-49

中国国家版本馆 CIP 数据核字 (2023) 第 147786 号

书　　名：一词一世界　YI CI YI SHIJIE
出版发行：天津出版传媒集团
　　　　　新蕾出版社
http://www.newbuds.com.cn
地　　址：天津市和平区西康路 35 号 (300051)
出 版 人：马玉秀
电　　话：总编办 (022) 23332422
　　　　　发行部 (022) 23332677　23332351
传　　真：(022) 23332422
经　　销：全国新华书店
印　　刷：天津新华印务有限公司
开　　本：787mm × 1092mm　1/16
字　　数：230 千字
印　　张：24
版　　次：2024 年 2 月第 1 版　2025 年 4 月第 3 次印刷
定　　价：79.00 元 (全 2 册)

序

今天我向大家推荐一本学习优秀传统文化的好书，这是一本不可多得的读物。它的知识性很强，趣味性很浓，雅俗共赏，老少咸宜，并且大家可以在零碎时间阅读。

众所周知，我国是一个地大物博、历史悠久的国家，几千年积累的优秀传统文化，博大精深，源远流长。伟大的中华民族孕育了独特的民族精神和民族特质，这些都是我们不可或缺的精神食粮。中华优秀传统文化与社会主义核心价值观薪火相传，一脉相承。优秀的传统文化也是我们走向强大的软实力，学习、继承和弘扬几千年的优秀传统文化，我们这一代人责无旁贷。

我们学习优秀传统文化可以从宏观入手，阅读参考传承至今的“25史”，也可以阅读史学家写的一些历史著作。与此同时，我们还可以从微观入手，认识、了解保存下来的历史文物（包括考古发掘出的文物），通过它们代表的不同文明来具体了解历朝历代的政治、经济和社会面貌。齐吉祥先生的这本书，可以帮助我们从微观入手，学习优秀传统文化。这也是我说这本书知识性很强的原因。

当我们走进各个历史主题博物馆时，映入眼帘的基本都是几千年来老祖宗留下的各种宝贝，但有不少文物我们既叫不出名字，也不知道它们有什么功用，更不用说如何从它们身上了解历史故事了。齐先生这本书由一篇一篇字词科普知识小品文组成，每篇文章都给我们生动地讲述了该字词及相关文物的故事。如现在人们口中常说的“权衡”“符合”“沐浴”“矛盾”等，可能大多数人并不知道它们是怎么来的。就拿“权衡”来说吧，什么叫“权”？什么又叫“衡”？现在为什么又叫“权衡”？它掂量利弊得失的含义又是怎么来的？读了这本书你就会明白。

读这本书的另外一个收获，就是学习了古今一些有趣的语言知识。对于一种新出现的事物或社会现象，人们要认识它就会给它定一个名称，以便相互交流，这个名称就会成为我们语言中的一个新词。但社会是发展的，历史上产生的事物或社会现象也是会发展变化的，其名称的含义自然也会发生变化。齐先生讲的古代的事物或社会现象以及它们命名的情况，也是我们母语中这类词的来源，如“模范”“巾帼”“城市”等，它们的含义和用法也随社会发展产生各种变化，以致造成了古今差异。比如，在本书《坐得舒服靠“镇”压》一文中，作者详尽介绍了有关“镇”的知识，如“镇”在古代是用来压席子的，“镇”有各种材质和形状，又介绍了“镇压”在现代的含义。现在，“镇压”多指政治上用强力压制，不许进行活动，这同本义有了很大的不同。读者由此知道了此词的本义，同时也了解了其新义。这就是语言的发展变化，人们把这种变化叫作“词义的转移”，即原指甲事物转变为指乙事物。“权衡”从原衡量物体的轻重，扩大为衡量抽象事物的利弊，人们将这种语义变化叫作“词义的扩大”。

从这些发展变化中，我们知道了词义发展变化的模式和规律。这是社会的进步，也是语言的发展演变。齐先生讲解这些变化等于给我们讲了一次关于“汉语词语发展历史”的课，让我们对语言中的词义有了更深入、更全面的了解。为什么“权衡”成了“掂量”的近义词，“模范”成了今天学习的榜样，“矛盾”成了哲学中事物对立统一的概念？过去我们可能不知道这些词的来源和变化。现在，这本书就能让我们了解这些词的含义，不仅知其然还能知其所以然。

本书还有一个特色，就是用读者喜闻乐见的讲故事的形式把字词知识讲解出来，易被读者接受，进而受到读者欢迎。齐先生多年来一直从事文物的研究和讲解工作，还常常在电视节目中为大家讲解文物知识。他用自己的方式，将大众感到深奥难懂的历史知识绘声绘色地讲解出来，给大家留下了深刻的印象。

本书的写法虽然引人入胜，但如果没有丰厚充实的内容，就会显得苍白无力。齐先生在讲述中旁征博引，体现了他深厚的知识底蕴，这不仅拓宽了读者的认知，也给本书增添了亮点。本书最大的优点是把旁征博引的知识同全篇核心内容有机结合，并将其置于具体语境中，让读者不仅记忆深刻，还会兴趣盎然。

读一读《兵器派生出的“矛盾”》一文，你一定会认为我所言不虚。讲“矛盾”知识的文章不少，但要像齐先生这样讲得娓娓动听，确实较难。在这篇短文中，他引用了一些相关的逸闻趣事，读来不仅津津有味，还无形中增长了许多难得的知识。当读完齐先生写的几篇文章之后，我就希望他继续写下去。我相信本书肯定会受到读者的欢迎。这本书的出版，既可喜可贺，又难能可贵。

齐先生是我多年的朋友，他嘱我为他的大著写篇序言。我说序言不敢写，但我可以写写读后感，也就是这篇文章。敬请读者和齐先生批评指教。

李行健

2023 年 12 月

（作者系国家语言文字工作委员会咨询委员会委员、中国社会科学院研究生院教授、语文出版社原社长）

目录

城市

"城"和"市"原来分过家

"城市"一词在我们的生活中无处不在，诸如丰富多彩的"城市"生活，昆明是一座四季如春的"城市"。然而，你知道吗，在很早很早的时候，城和市是两个不同的概念。"城"字的本义是城墙，例如万里长城；"市"则是买卖商品的场地，例如距今1000多年的唐代都城长安城内的东市、西市。这么看来，"城""市"这两个字原本并不是连在一起读的。那么，城和市各自是怎样兴起和发展的呢？

令人感到安全的“城”

安全是人类的基本需求之一。在距今6000多年的时候，陕西姜寨、半坡等地的原始人就在他们居住地的周围挖了宽、深各五六米的壕沟进行围护，这些壕沟既能预防野兽的侵害，还能防止其他部族的人来抢掠食物。

姜寨遗址复原模型

石雕人头　新石器时代
榆林学院陕北历史文化博物馆藏

到距今5000多年的时候，社会生产力有了很大发展，人们有条件修筑高墙来保护自己了，这种高墙就是我国早期的城。考古工作者在浙江杭州、山西临汾、陕西榆林等地先后发现了原始社会晚期的大型古城遗址。

其中最具代表性的是良渚古城，这座古城的内城面积达300万平方米，城墙总长度约6000米。仅看“6000米”这个数字，也许你不以为意，但再看一组数字，我想你一定会惊叹不已！因为，这座城的城墙底部宽度一般为40~60米，而最宽的地方竟然有100米。经研究发现，修建城墙的时候，人们先在地上铺一层大约有我们两个拳头那么高的青胶泥，将地面弄得平平整整，再在上面铺大石块作为城墙的墙基，石块是从山上开采来的，一块就重四五十千克，这样的大石块一共铺了30多万平方米。

良渚古城遗址公园里的复原房屋与原始人雕塑

请你想象一下，在没有任何机械设备辅助的古代，人们只能用手抬肩扛的方法，将四五十千克重的大石块铺设30多万平方米作为城墙的墙基，这中间要花多长时间、经历怎样的艰辛？并且，良渚人铺设大石块还仅仅是在建墙基呢，接下来他们还要在大石块上面堆黄土，堆黄土时还要不断打夯（hāng），把土一层一层夯实，大约筑到8米高（差不多是现在的三层楼那么高）才成。这堆土、夯土的工作量可比铺石块的工作量大多了。有专家推算，至少有 4000 名良渚人不间断地干 3 年，才能将城墙完全修筑起来。现在，对于 5000 年前良渚人这种创造性的劳动成果，你是不是感到十分震惊呢？接下来还要告诉你一件非常重要的事情，在 2019 年，良渚古城遗址被联合国教科文组织列入《世界遗产名录》，成为中华五千年文明的实证。

进入夏商以后，我国各地的城就越来越多了。为了增强城的防御功能，古人在城墙外还要挖宽约 10 米的护城壕沟，这就是古代文献中所说的“池”。你还记得有句话叫“城门失火，殃及池鱼”吗？这里的“池鱼”特指护城壕沟里的鱼，而不是一般池塘中的鱼。有一点请大家特别注意，明代以前我国各地

良渚古城遗址中的城墙

的城墙都是用土夯筑成的，到了明代才有砖城墙。如果你在一些文章、绘画中看到秦代的人运砖修长城、唐代的人烧砖修城墙，那肯定是错误的！

供人交易物品的“市”

在原始社会晚期，随着生产力的发展，产品除了吃用还有了剩余，为了互通有无，不同部落之间产生了以物易物的交易行为。古文献中记载神农氏时“日中为市，致天下之民，聚天下之货，交易而退，各得其所”，意思是说在中午开设市场，会集了各地的民众，聚集了各地的货物，交易之后，人们得到了各自想要的东西就离开了。

这里的“市”就是最原始的商业活动。到了商代，有了专门经营商品买卖的“商人”。周代时，商业成为社会经济中不可缺少的一部分，为此，国家设立了一种叫“质人”的职官来专门管理市场。

秦汉时期，不论是都城还是各地的县城，都有固定的商业场地，叫作“市”或“市井”。西汉的都城长安最初有东西二市，后来增到九市。市周围建有围墙，和住宅区严格分开，围墙上开有市门，有士兵把守。市内建有摆放商品的店铺——“商肆”（又叫“市肆”），同类商品集中在一起，称作“列肆”。还有一座多层的建筑，称为“市楼”，是管理市场事务的官署所在地，市楼顶上有旗子和大鼓，每天都有人按时击鼓，通知开市或闭市。闭市后，不再有任何营业活动，人们也不许在市内逗留，这同今天商店要定时开门、关门，关门后不再买卖是不是非常相像呢？管理市的官员叫“市令”或“市长”，这个市长和当今的市长虽然在字面上完全一样，可在职责上就大相径庭了。

在城郊的交易市场称作“草市”。除草市外，那时还有定时定点的集市，但只是临时一聚，保持着“日中为市”的原始形态。人们常说的赶集，就是去这种集市上买卖商品。

到了宋代，市打破了围墙的局限，商店可以沿街开设了，也出现了一些商业街。《清明上河图》中就描绘了开封城的一

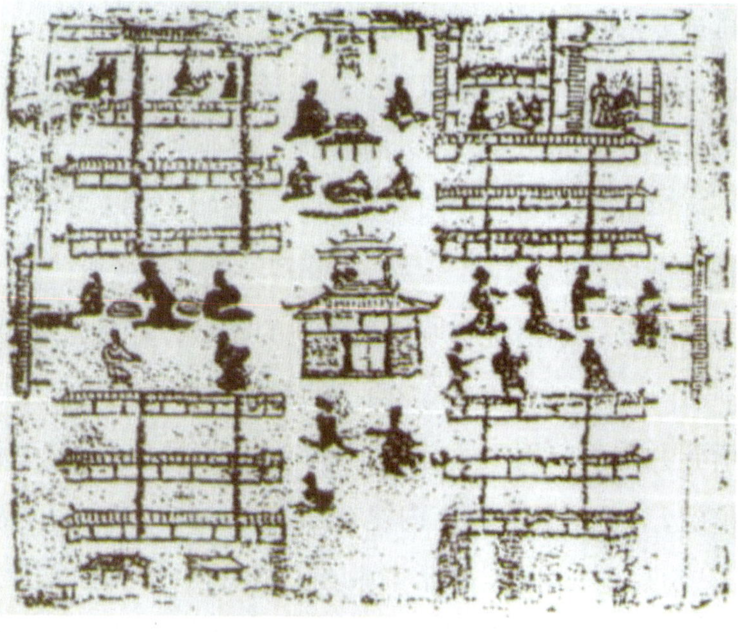

“市井”画像砖（拓片）

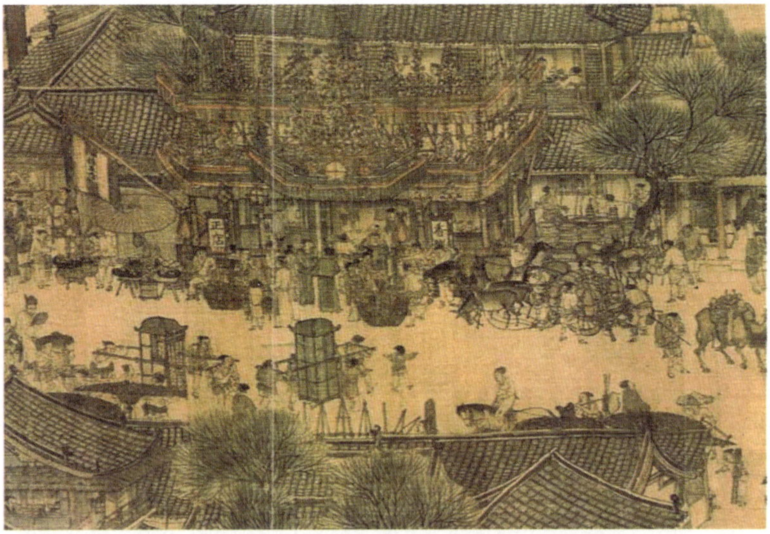

《清明上河图》中的部分商业街

些商业街。当时，经营时间也打破了以往的限制，有的商店到深夜才关门，商店门口还设有灯箱广告呢！跟我们今天的市已是十分相像了。

符合

“符合”与王权

你用“符合”这个词造过句吗？看到上面的标题，你是不是感到奇怪：“符合”怎么同王权联系上了？其实呀，这“符”和“合”要分开讲，“符”是一种物品，“合”是人的行为。那么“符”到底是什么物品呢？咱们还是先看照片吧。

它的样子

这是一只距今2200多年的用铜铸造的小老虎，全长只有8.9厘米，个头还没有一根香蕉大。它其实是一件秦代兵符，因为被造成虎的形状，所以人们称它为“虎符”。请你仔细看一看，这只虎从头到尾是分成两半的，它的左右背部都有一样的金字：甲兵之符，右在皇帝，左在阳陵。

这 12 个字非常明确地告诉了人们，这是一件代表军队调

阳陵虎符　秦　中国国家博物馆藏

动权的凭证物，它右边的一半存放在皇帝那里，左边的一半由驻守阳陵的军队将帅掌管。假如有一天有人到阳陵的军营要调动军队，这个人必须出示存放在皇帝那里的一半虎符，当左右两半虎符完全合在一起了，才能调动军队。由此，我们也可以知道，当时全国的军权是由皇帝掌控的。

信陵君窃符救赵

说到这里，给大家讲一个“窃符救赵”的故事。那是在公元前 258 年，强大的秦国军队围攻赵国的国都邯郸。赵国的国力较弱，不是秦国的对手，赶忙向邻近的魏国求救，魏王将一半兵符给大将军晋鄙，让他统领 10 万大军援助赵国。然而，晋鄙前脚刚走，秦国的使臣后脚就到了，他警告魏王，不让他援助赵国，吓得魏王赶忙派人告诉晋鄙，将 10 万兵马驻扎在赵魏两国交界的地方，按兵不动。

军情的变化，不仅让赵王非常焦急，也让魏国的一个人十分着急，这个人就是魏王的弟弟信陵君。他的姐姐嫁到了赵国，是赵王的弟弟平原君的夫人。信陵君为人重情重义，根本不怕秦国的威胁，便劝魏王下令出兵，可魏王就是不答应。眼看赵国一天比一天危险，怎么办？这时有人给信陵君出了个主意：原来信陵君对魏王的宠妃如姬有恩，不如请如姬趁魏王沉睡的时候，将另一半符盗出。信陵君照此行事，果然拿到了另一半符。他带着另一半符快马加鞭来到晋鄙的军营，将两块兵符完全相合后，立刻挑选了8万精兵猛扑向秦军。秦军抵挡不住，赶忙撤退，赵国得救了。

通过这个小故事，你是不是进一步认识到了兵符的重要性？当然也一定懂得了“符合”的原本含义吧！

名副其实的“符合”

最后还要强调一点，古代的符不仅有兵符，还有交通、贸易等方面的符，它们都起到了凭证的作用，而且除了用铜铸的符外，还有用竹木、丝绸、玉石、金银和纸张制作的符。不管什么材质的符，使用前都先要分为两半，这叫“剖符”，待到对证时，再使其相合，也就是名副其实的“符合”。

看到这里，不知道你想到了没有，其实这种剖符、合符的做法从古代一直沿用到现在，比如在一些电影里，就有把一张照片或一张扑克牌剪成两半让特工拿着其中一半作为接头凭证的情节。你看过这样的电影吧，还能举出类似的事例吗？

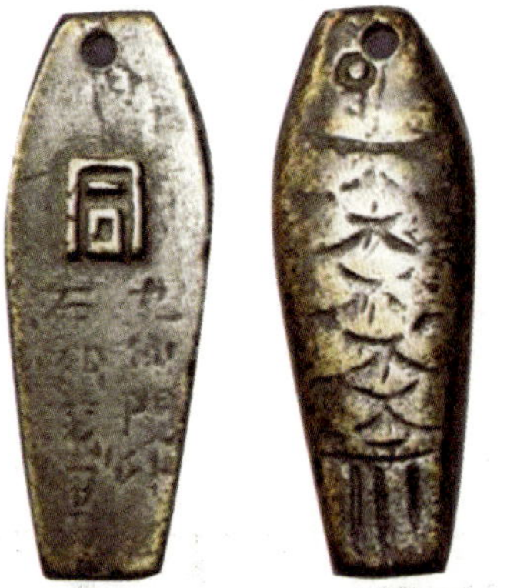

铜鱼符　唐
东营市历史博物馆藏

“鄂君启”错金青铜节　战国
中国国家博物馆藏

干戈

“干戈”是古代战争中常用的两种兵器

杜甫在《寄题江外草堂》一诗中写道：“干戈未偃息，安得酣歌眠。”诗人写这首诗的时候，安史之乱尚未平息，国家战乱不止，人们怎么能睡个安稳觉呢？诗中的“干戈”就是战争的代名词。

干戈除了被用来比喻战争，当世间有争斗时，人们也称之为“大动干戈”。而当平息战争迎来和平，或人们结束争斗重归于好时，我们往往说“化干戈为玉帛”。有意思的是，干戈还曾是一道考题的内容，考生要判断干和戈谁是防御性武器。这道题你能正确回答吗？在《兵器派生出的“矛盾”》一文中提到，干就是盾牌，它是防御性武器。在这篇文章里，咱们就来专门讲讲戈。

“炫酷”的冷兵器

戈在古代被称为“勾兵”，是一种既能钩杀又能啄刺的长柄兵器，你见过人们用镰刀收割小麦、稻谷的场景吗？古时候士兵们挥戈的动作，就类似农夫挥镰刀，所以有专家认为戈很可能是在镰刀的基础上发展起来的。

戈由戈头、柲（bì）和镈（zūn）三部分组成。戈头大多是用青铜铸成，早期的戈头好似一把匕首，长 20 厘米左右。柲也就是木柄，长 1 米左右，步兵作战时往往是左手持戈、右手执盾。人们还会在柲的尾端装一个圆锥形铜套，起到加固和

二里头遗址出土的青铜戈

装饰的作用，士兵还可以在休战时将戈插在地上，这个铜套就被称为镈。

现在，我们发现的最早的青铜戈是在河南洛阳二里头遗址出土的。这些青铜戈属于夏代晚期，距今约3600年。到了商代，青铜戈已经成为军队必备的兵器。

戈头又包括“援”和“内”两部分。援也就是长条形锋刃的部分，是用来钩杀敌人的，有如镰刀割麦秆的那部分。戈援的尖部也很锋利，所以才能既钩杀又啄刺。内就是援后尾嵌入木柄的那部分，内上还有供穿绳的孔（专家定名为“穿”），以便用皮索将戈头较牢固地捆绑在木柄上。随着战争的发展，戈头的形状也不断改进。西周时人们将戈头的刃面由直线形变为弧形，并多加了几个穿进行捆绑固定，这样戈头就更不容易脱落了。

为了增强杀伤力，人们将戈和矛结合在一起，使它既能钩、啄，又能直刺，这种新型的兵器就是戟（jǐ），西周时已

“虢太子元徒”戈　春秋
中国国家博物馆藏

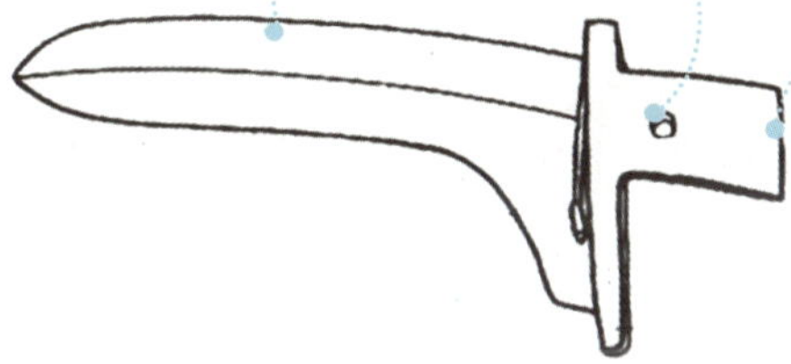

戈头结构示意图

大量使用。当年每辆战车上乘坐3个人：中间是御手，犹如现在的司机；御手左侧的士兵被称为“车左”，持弓箭射击；右侧的士兵则持戟杀敌。戟柄的长度都在3米左右。在著名的曾侯乙墓中，考古人员还发现了在一个长柄上装了两戈一矛和三戈一矛的二联装戟和三联装戟，具有非常强的杀伤力。正是戟的出现，使戈的作用日益减退，到东汉时，戈作为实战兵器在战场上已经绝迹了。有意思的是，戈虽然在战场上不见了，但在文字中却不乏它的身影，凡是和军事、战争有关的字，大多有戈字，例如戍、武、戎、伐等。

意想不到的舞蹈道具

接下来的内容可能就是你意想不到的了。原来干戈除了作为战场上的兵器，还可以作为跳舞的道具。商代甲骨卜辞中有一段关于祭祀黄河之神的内容，其中就有一个问题：对河神使用这个戈适当吗？古文字学家认为这里的“戈”就是指人们祭祀时跳舞用的道具。另据《礼记》记载,周代有一种称为“大武”的舞蹈：人们排成整齐的队列，挥舞干戈，边唱边跳表现周灭商的历史。

在湖北出土的西周青铜戈上还有“大武开兵”铭文和手持舞蹈用具的舞者纹饰。当然这种以干戈作为道具的舞蹈，只有当时的统治者才能欣赏。同时这种作为道具的戈，刃部都不是锋利的，而是尖圆之状，仅用来表示戈的形态。

矛盾

兵器派生出的“矛盾”

平日我们常讲到“矛盾”这个词，当人与人之间发生纠纷时，人们会说他们产生矛盾了；当市场上某种物资短缺，供不应求时，新闻中会说市场出现了供需矛盾。其实，“矛盾”的本义是指两种兵器，“矛”是刺杀用的兵器，“盾”是防御用的兵器，二者的作用完全相反。

战国时有一位著名的思想家韩非子，他的著作《韩非子》中就记述了一个既有趣又发人深省的故事：楚国有一个卖武器的人，先是夸耀他的盾坚固无比，没有物品能够刺破它，后又吹嘘他的矛锐利非常，什么东西都能刺穿。于是有人问他：“如果用你的矛刺你的盾，结果会怎样呢？”此人弄巧成拙，竟无言以对。从此以后，人们便将自己的言行前后抵触比喻为“自相矛盾”。

通过《韩非子》中的这个故事，我们知道在2000多年前，矛和盾就已经作为商品出现在市场上了。那么，到底是先有矛还是先有盾呢？它们是在什么时候产生的呢？

用途多样的“矛”

从考古人员发现的实物来看，早在新石器时代就出现了矛，人们将石片或兽骨的前端磨至锋利，再在末端捆绑上长木柄，这就成了狩猎用的利器。考古人员在距今6000多年的遗址中发现了木矛与骨矛，在距今5000多年的遗址中发现了石矛。这些证据表明，我们的祖先很可能是在使用尖锐的木头刺杀野兽时受到启发，从而发明了矛。

骨矛

石矛

商代时有了青铜矛，这时的矛已作为兵器在战争中使用。河南安阳的一座商代王陵中曾出土了700

多件青铜矛，可见当时矛的铸造量很大。这些青铜矛铸造精良，有的上面还有漂亮的纹饰。

战国时出现了铁矛，随着冶铁技术的进步，铁矛逐渐取代了青铜矛。

商代至魏晋时期，矛可分为长短两种：短矛的矛头和矛柄总长约 1.4 米，主要是步兵使用；长矛则被骑兵和战车上的车兵使用。骑兵用的矛，一般长一丈八寸（古时的法式制度，合今 3 米多），大家熟悉的蜀国大将张飞，据说就是手持丈八蛇矛呢！湖北随县（今随州市）曾侯乙墓出土的长矛，用竹子做

青铜矛

吴王夫差矛　春秋　湖北省博物馆藏

矛柄，长度一般为 3.2~3.8 米，最长的竟有 4.36 米。战车上的车兵手持如此长的矛，很容易占得先机。

从唐代起，矛改称为枪，而且依据不同材质与用途分出了许多种类，如漆枪、白干枪、单钩枪、梭枪等。历史上抗日儿童团用的红缨枪，也是其中之一。有意思的是，枪不仅可以在战场上用于格斗，还可以在宿营时用来支撑营帐，而渡河时，也可以将每 10 杆枪捆成一束，然后一束一束地纵横捆扎起来，扎成筏子，这可称得上是物尽其用了吧！

结构巧妙的“盾”

人们在战斗中不仅要进攻，也要防守，因此就有了盾。传说早在距今4000多年的黄帝时期就已经有了盾。有个“刑天舞干戚”的神话故事，讲的是黄帝时期有一个叫刑天的巨人，他左手持干，右手执戚，异常威猛。他手中的干是盾，戚则是斧子。由于盾是用木材、藤条、兽皮等材料制成的，不易长时间保存，因此没有远古时代留下来的盾实物，我们只能从甲骨文中的“盾”字推测，当时的盾应该是长方形或梯形的。

目前中国考古发现的最早的盾是商代的，以木材为主体，一面有手握的长条形木柄，另一面或蒙上兽皮，或涂上漆，上面都有精美的纹饰。这些盾的样式和当时铜镜上绘制的武士手中持的盾是完全相同的。

甲骨文“盾”

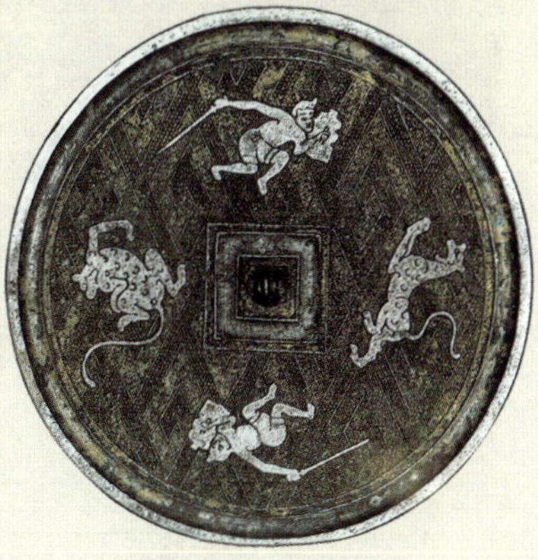

铜镜上的武士像

彩绘龙凤纹漆盾　战国

湖北省博物馆藏

骑兵出现以后，为了在马上能更灵活地防身，人们将盾的式样改造成了圆形，长方形的盾则主要供步兵使用。

明代有一种名叫“虎头火牌”的盾，它的宽度相当于人的身宽，高度有 1.2 米左右，盾牌内有支撑杆，将盾立在地上，就可以遮蔽住人蹲下去的身体。在盾的上方有一个圆孔，人可以用它观察敌情。更妙的是，盾牌有 4 处地方是能够活动的，并装有火箭和销钉（即销子，是通常由木头、金属等材料制成的钉子形零件，在器物中起连接或固定的作用）。当敌军逼近到一定距离后，打开销钉，这 4 处地方便可以转 90 度放平，点火将火箭发射出去，可谓能守能攻，两全其美。

随着历史的发展，“矛盾”在今天已经不单单是兵器的名称了，还成了哲学和逻辑学上的名词，这个词和人们的关系变得更加密切了。

“虎头火牌”盾

冠冕

“冠冕”原来是帝王的礼帽

很多人都会根据不同季节、不同场合，选择戴不同材质、不同款式的帽子。这是因为，小小一顶帽子既有遮阳、保暖的实用性和装扮的美观性，还有标识作用。例如在日常生活中，根据人们所戴的不同帽子，我们就能判断他是军人还是警察，是护士还是厨师……

不是谁都能戴的冠冕

在众多的帽子中，有一种礼帽在古时候是身份的标志，只有皇帝、太子、亲王才能戴（在有的朝代，诸侯、大夫也可以戴），这种礼帽就是冕冠，也叫冠冕。当然，这种礼帽并不是他们想什么时候戴就什么时候戴、想在哪戴就在哪戴的，他们也需要严格按照制度戴呢！

按照礼制的规定，在祭祀活动、皇帝登基大典，以及一些重要节日如正旦（春节）、冬至等时，皇帝、太子、亲王才可以戴冠冕。现在很多绘画作品、影视作品为了表示人物的身份是皇帝，不论是看书、散步还是处理政务，皇帝头上都戴着冠冕，这是错误的！

保存完好的冠冕

在古代描绘帝王的绘画中，我们经常可以看到冠冕，但是目前国内作为文物的冠冕仅有 3 件：一件是山东邹城明鲁王朱檀墓出土的九旒（liú）冕，现存于山东博物馆；另一件是袁世凯称帝时穿戴的一套仿古冕服中的冠冕，现存于中国国家博物馆；再一件是明十三陵定陵出土的万历皇帝的冕，现存于定陵

九旒冕　明　山东博物馆藏

博物馆。

仔细看看上页图中的九旒冕：中间圆筒状的冠武高 18 厘米，它是先用藤篾编成骨架，再包上罗绢，涂上黑漆，最后镶上金边、金圈制成的；在冠武的两边，各有一个用黄金制成的圆形小物件，它的名字叫“梅花金穿”，锥形的金簪子可以从中穿过；冠武上的綖（yán）板长 49.4 厘米，前后两端各有 9 条垂旒，每条垂旒有 9 个玉珠，既精致又美观。

作为我国目前唯一一件保存完好的明初亲王冠冕实物，九旒冕可是山东博物馆“十大镇馆之宝”之一呢！

你是不是在想，人戴上这顶冠冕后，前面有 9 条垂旒，看东西多不方便呀！其实，冠冕中的各种物件不仅是为了装饰美化，还有更深层的含义。垂旒就有“蔽明”的含义，表示帝王不看伤天害理的邪恶之事。在綖板中间下面，有一条名为“衡”的玉石，在衡的两端用丝线垂下一个玉珠，玉珠的位置恰好在人的耳朵那里，它的名字叫“充耳”。你听过“充耳不闻”这个词吧？“充耳”的用意就是劝诫帝王要明是非、求大德，不要听他人的谗言。

冠冕做成这样还有一个很重要的作用：当一个亲王戴上冠冕后，面对祖先神灵或天地山川之神，必定要身体端正，不能晃动，神情肃穆，目不斜视，一旦戴着冠冕左顾右盼，任意晃动，那些垂旒上的珠子就会抽打他的脸颊，予以警告。冠冕是要限制穿戴者的行为，规范他的举止的。

暗藏玄机的冠冕

皇帝的冠冕有12条垂旒，每条垂旒有12个玉珠。如果是皇帝戴上冠冕面对大臣正襟危坐，会显得格外威严。他透过珠子，能看清朝堂中人们的一举一动，下面的群臣却看不清他的表情，无法揣摩他的心思，会更加小心谨慎。冠冕还有这个作用，是不是很有意思呢？现在，冠冕被引申为“冠冕堂皇”，用来形容表面上庄严或正大的样子，颇具贬义。

牺牲

"牺牲"与纪念

在生活中，我们经常会看到"牺牲"这个词。比如老师牺牲自己的休息时间给缺课的学生补课，一位消防员为了营救被困者牺牲了自己的生命。竖立在天安门广场的人民英雄纪念碑碑文中也有"牺牲"一词：在历次斗争中牺牲的人民英雄们永垂不朽。

这些都说明，现在人们将放弃或损害某些利益，或者为了正义的目的献出自己生命的行为称为"牺牲"。许多人都讲过这样一句话："没有先烈们的流血牺牲，哪有我们今天的幸福生活？"这句话中的"牺牲"两个字，更是饱含了人们对英雄们的无限崇敬。

为大自然献上“牺牲”

然而在古代，“牺牲”是另一番意思：举行祭祀大典时献给神灵和祖先的一种祭品。

《周礼》中记载：“凡祭祀，共（供）其牺牲。”“牺牲”究竟是什么样的祭品呢？这得从这两个字的含义说起。在古文的字义中，“牺”是做祭品用的毛色统一的牲畜，“牲”是用来供奉的整只牲畜，所以在古代，“牺牲”这个词就是用来供奉的毛色统一的整只牲畜的意思。从历史记载看，那时供奉的牲畜主要是牛、羊、猪。

那古人为什么要祭祀呢？祭祀又是怎么产生的？是什么时候产生的呢？这就要说到远古时期人们对大自然和祖先的敬畏心理了。

大自然赐予了人类诸多恩惠，它给了人类充足的食物和水，还有明媚的阳光、丰富的矿藏等，但有时洪水泛滥、暴风狂卷等自然灾害对人类也造成了很大的伤害。

远古时期的人们还不理解为什么会有这些自然现象，对大自然既敬又怕，他们认为一定有神灵掌管着寒来暑往、风雨雷电，他们希望这些神灵只降福、别降灾，于是就通过祭祀的方式，向神灵传达愿望。

那时，人们对自身也不了解，不知道人为什么会死去，加上受到影子、梦境等古人无法解释原因的影响，“灵魂”的观念自然就产生了。人们认为祖先虽然死了，可灵魂还在，而且灵魂还具有神力，仍然可以影响甚至支配人世间的一些事情，由此人们对祖先也有了敬畏的心理。和对大自然进行祭祀一样，人们也开始对祖先进行祭祀。那些在世时强悍有为、为百姓做出过突出贡献的人，在死后更是人们的重点祭祀对象。

我们现在当然知道掌管大自然的神灵和祖先的灵魂都是不存在的，那只是远古时期的人们因为认知有限而产生的想法。

5000 年前的祭祀大典

至于祭祀产生的时间，由于远古时期没有文字记载，所以我们无法确切知道最早的祭祀出现在什么时候，只能通过考古发掘来探索这个问题。

1983 年，考古人员在辽宁发掘了距今 5000 年左右的牛河梁遗址，遗址中有一个占地面积约 10 000 平方米的大型祭坛，祭坛高度 10 多米，直径约 100 米。

考古人员还在遗址中发现了一座“女神庙”，庙内有很多塑像，最珍贵的是一个约莫真人脑袋大小的女性头像。考古人员猜测这可能是该地区先民共同供奉的女性祖先，因此把它命名为“女神像”。

牛河梁遗址中的“女神庙”就是远古时期的人们平日里供奉神灵的场所。举行祭祀大典时，他们会将神像安放到祭坛上，让它接受众人的祭拜。考古人员在浙江发掘并确认的良渚古城遗址是中华五千年文明史的实证，那处遗址中也有两座祭坛。

女神像
新石器时代
辽宁省文物考古研究院藏

根据以上发现，我们可以说，至迟在5000年前，中国就有了祭祀大典。

商代有了甲骨文，祭祀也就有了文字记载。到周代时，祭祀的形式更加规范，统治者还规定了每种祭祀的时间。比如要在每年的冬至祭天，要在每个季度的第一

个月选择一天祭祖，每年春天播种前、秋季收获后都要祭社（土地神）。这些祭祀行为逐渐形成了我们的传统节日，如清明节、端午节等。

古人在祭祀时还会奉上最丰盛的食物，举行最庄重的仪式。你在博物馆参观时看到的那些精美的青铜器，其中有许多都是当年盛放祭品的礼器。比如青铜鼎是用来盛放熟肉的，青铜簋是用来盛放煮熟的黍、稷、稻、粱等谷物的，而青铜尊则是用来盛放酒的……有一种叫“青铜豆”的青铜器，你也许没怎么注意过它，虽然它和黄豆、绿豆、蚕豆都用了同一个“豆”字，但它却是当时最常见的一种容器，盛放的是人们吃饭时不可缺少的腌菜、肉酱等调味品，是不是有点像现在的瓷盘呢？

青铜鼎、青铜簋、青铜尊、青铜豆的线图

丰富的祭品

古代祭祀都有什么祭品呢？除了牛、羊、猪，还有别的吗？

由于历代的祭品多有相同之处，为了让大家更容易了解，我们就以清代在天坛圜（huán）丘祭天的仪式为例做一个说明。在圜丘正北方，有一座叫“皇穹宇”的大殿，殿内供奉着写有“皇天上帝”的神版，放置在木质神龛中。到冬至那天，皇室举行祭天大典时，就会将神版移到圜丘上。

“祭天”是古代最重要的祭祀，一般都由皇帝来主持。为了表达对滋润、哺育万物的“皇天上帝”的感恩之情，每次祭祀大典的祭品都是非常丰富的：除了牛、羊、猪以外，还有24种点心、干果、菜品以及黄米饭、小米饭、白米饭和高粱米饭，此外还有浓汤、酒类。真是一桌极其丰盛的宴席呀！

祭天时使用的食品不仅种类多，而且从选材到加工制作都特别精细讲究，比如牛、羊、猪不仅要大小一样，体格健壮，不能有一丁点杂色的皮毛，还不能有皮外伤。其中对牛的要求最高。在古代，牛是耕地的主力，是农民最好的帮手，所以很多朝代都禁止杀牛、吃牛肉。明清时期，皇帝的菜单上也是没有牛肉的，这体现了他们对农业的重视。为了表示对上天的格外敬畏，人们要选出心目中最珍贵的牛来祭祀。这些牛都是出生不到100天的黑色小公牛，它们的牛角还不能超过蚕茧的大小。这样的小牛犊非常难找，100只里也未必能挑出一只，因此小牛犊的挑选范围是全国各地。被挑选出来的牛、羊、猪等牲畜则会被专门饲养在天坛里一个叫“牺牲所”的地方。

从祭祀到纪念

随着时代更迭，社会日益进步，人们对世界和自身了解得越来越多，思想观念也越来越科学。在这一过程中，“牺牲”渐渐产生了衍生意义：从为了向神灵或祖先求福而献上的珍贵食物，变成了人们为了正义的目的舍弃自己的一些东西，甚至包括生命。而祭祀中的祭祖也演化为我们为亲人和先烈举行的纪念活动或公祭大典。清明节时，我们要给亲人扫墓，表达对他们的追思，体现的是浓浓的亲情；每年 9 月 30 日，中国烈士纪念日这一天，我们会在天安门广场的人民英雄纪念碑前举行隆重的纪念活动，缅怀先烈的丰功伟绩；每年 12 月 13 日，南京大屠杀死难者国家公祭日这一天，我们要祭奠 1937 年在南京大屠杀中遇难的 30 多万同胞，牢记历史，为世界和平贡献我们的力量。

问鼎

“鼎”的大小不能随便问

我们熟知的不少词语都和“鼎”有关，比如扛（gāng）鼎（扛鼎本义指用手举鼎，是古代的一种举重活动或杂技项目。在后来的发展中，扛鼎一词呈现出多样的比喻义，例如比喻“人有大才，能担负重任”“夺取国家政权”等）、定鼎、问鼎、鼎力、鼎盛，以及一言九鼎、大名鼎鼎、鼎足而立等。这些词大都和“大”“最”“显赫”等意义有着密切联系，究其原因，这都和鼎的形象相关。

“鼎”是做什么用的

鼎原本是烹煮肉食的器具，最早是用陶土烧制的。让我们看看金文中的“鼎”吧。这是个象形字，下边是三个足，上面是一只大口的锅，这个字很形象地反映了鼎的原始形态。

金文“鼎”

相传，大禹建立夏朝后，用各地贡献的铜铸了九只鼎（三只圆鼎，六只方鼎），象征九州。后来九鼎由夏入商，又由商入周。但可惜的是，我们现在已经见不到这九只鼎的任何踪迹了。目前考古发现最早的青铜鼎是河南洛阳出土的夏代晚期的一只三足圆鼎，它的形状和金文中的“鼎”字非常相像。

夏代晚期的三足圆鼎

那么，商周时期的鼎是做什么用的呢？它们更多的是用来盛放煮熟的牛、羊、猪、鱼等肉类，用于祭祀天地、祖先以及各种神灵，而不是直接用来烹煮食物。当年“国之大事，在祀与戎”，也就是说祭祀和军事是一个国家最重要的两件事情，而鼎，在祭祀的礼器中就充当了最重要的角色，地位远超其他青铜器皿。

“九鼎”代表什么呢

商周时期，鼎还是统治者权力和身份等级的标志物，被用来“别上下，明贵贱”。当时，各级贵族在祭祀、宴饮、随葬等场合使用青铜器时，对青铜器的种类和数量都有严格的规定。例如，天子用九鼎，诸侯用七鼎，卿大夫用五鼎，士用三鼎或一鼎。

由于只有天子才能使用九鼎，于是九鼎被赋予了特殊的含义，成为王权的象征，谁拥有了九鼎，谁就拥有了天下。九鼎成了镇国之宝，传国重器。史书中有这样一句话：“成王定鼎于郏鄏（jiá rǔ，今属洛阳）。”意思是周成王在郏鄏定都。“定鼎”因此就成了建立新都城或建立新政权的代名词。

“问鼎”究竟问什么

我们再来说说“问鼎”吧，这个词的背后有个有趣的历史故事。

周成王迁都郏鄏后，周王朝的实力已大不如前，而诸侯国的实力却有了迅猛发展，楚国就是其中之一。有一次，楚庄王带兵经过郏鄏时，周天子派王孙满前去慰劳，楚庄王趁机问王孙满“铜鼎之大小轻重”。王孙满认为楚庄王这样问，是有了觊觎周天子王位的野心，便很严肃地回答：“周朝虽然没有原来那么强大了，但天命还在，铜鼎的大小轻重还不是你能过问的。”从此以后，“问鼎”就成了图谋夺权的代名词。不过随着时代的发展，今天人们将在体育竞赛等活动中取得冠军称为“问鼎”，这个词已经被赋予了全新的含义。

鼎是重要礼器

商周时，鼎还是歌功颂德的礼器，一些王公大臣在重大庆典或接受王室赏赐时，都要铸鼎，并在鼎内铸铭文记载相关事项。你一定知道大名鼎鼎的“毛公鼎”吧！这个鼎内有铭文497个字，是已知青铜器中铭文最多的，铭文记述周王对毛公委以重任，并赏赐了大量财物的事，有非常重要的历史价值。

毛公鼎　西周　台北故宫博物院藏

我们现代人也使用鼎来表达尊敬、纪念。1995 年，在联合国成立 50 周年的时候，我国就铸造了“世纪宝鼎”送给联合国。这只鼎高 2.1 米，象征即将到来的 21 世纪，鼎座高 50 厘米，象征联合国成立 50 周年。现在，它被陈列在联合国大厦北花园的绿色草坪上。

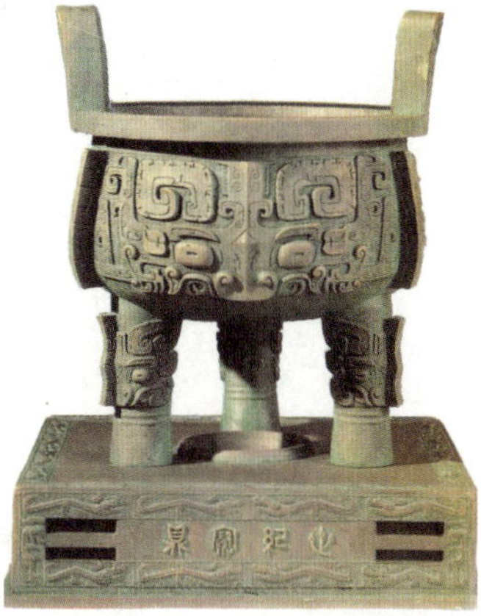

世纪宝鼎

金榜

“金榜”题名会有时

在我国古代，“金榜题名”是人生四大喜事之一。现在，有的同学考试得了优异的成绩或考上了理想的学校，会被称为“金榜题名”；一些企业业绩突出，进入专业评比排行榜，也会被誉为“金榜题名”。为什么古往今来，人们都这么看重“金榜”呢？“金榜”是什么呢？

原来，金榜跟我国古代的科举制度息息相关。科举考试的最后一考是殿试，由皇帝亲自主持，考试结束后，要张贴皇榜来揭晓考生的名次，因为皇榜是用黄纸做成的，所以就有了“金榜”之称。

古代为什么要举行科举考试？科举考试是怎么进行的？它在古代起到了什么作用？这些都是非常有趣的问题。

古人也要参加考试吗

科举是从隋唐至明清时期，朝廷通过分科考试选拔官员的制度，是中国乃至世界历史上的一个创举。

隋代的开国皇帝隋文帝杨坚是一个有雄才大略的人，他希望全国的人才都来为国家的管理贡献力量，然而隋初时，朝廷选拔人才用的还是九品中正制，这种制度有着严重的弊端，大量真正的优秀人才被埋没了。

九品中正制不用举行考试，而是由中央委派一批官员负责选拔、推荐人才，这些官员就控制了人才的推荐，实际上绝大多数人只推荐自己的亲属或他们小圈子里的人。被选上的人掌握着权力和钱财却没有真才实干，有的甚至品德败坏，使得官场风气一片浑浊。为改变这种情况，隋文帝下令对所有被举荐上来的人进行统一的考试，择优录取，授予官职。

隋炀帝继位后设置了一个以考试文辞为主的“进士科”，成为我国科举制度产生的标志。参加考试的人不需要他人举荐，可以自行报考，按考试成绩高低决定是否被录取。

科举制度把读书、应考、做官三件事紧密联系在一起，打破了以往只看出身门第的选拔方式，为普通民众开辟了一条上升的通道，在当时来说是最公平的人才选拔形式。

唐代的统治者非常认可隋代的考试办法，一边沿用，一边不断完善，使科举考试成了一种正式的制度。隋代的科举考试

没有固定的时间，考试方法也不完备。唐代则规定每年十月在长安举行考试，并且规定，能到长安参加考试的考生，必须是参加了州、县地方预试的合格者。在女皇帝武则天时，更实施了一些重大举措：她会到考场亲自提问进行考核，那些考生见到她，感到既紧张又光荣。让武则天没想到的是，她的这种做法，发展为科举考试的最高等级，也就是皇帝亲自主持考试。由于这场考试在皇宫进行，所以被称为“殿试”，也叫“御试”。不过，武则天时只是开了个头，没有形成定制，从北宋开始，殿试被正式确定下来，成为科举考试最后一场。这样一来，皇帝就把科举考试的最终录取权掌握在了自己手里。那些被录取的人，同皇帝的关系自然就加深了。这里还要说明一点，由于参加殿试的人都是地方和中央两轮考试中的佼佼者，所以这轮考试就不再有淘汰者了，只是排个名次而已。

隋代的科举考试举行的时间不固定，考试方法也不完备，只是科举制度的雏形。后来，唐代统治者对这种分科考试的制度不断加以完善，才使其确定下来，正式成为选拔官员的制度。

古代的考试时间表

科举考试也像我们现在的中考、高考一样每年都举行吗？其实并没有那么简单。

比如说，宋代初期，科举考试有时是一年一次，有时是两年一次。后来，宋英宗把考试改为了每三年举行一次。注意，这里说的每三年指的是三年为一个科举考试周期，从地方到中央，考生们得一级一级地考。

以明清两代为例，考生要在第一年秋天参加地方级的乡试。这里的“乡”指的可不是乡村，而是当时的京城和各省，相当于现在的省级行政区。乡试共考三场，每场考三天。考中者会有一个光荣的称号——举人。举人不仅可以参加下一轮的中央级考试，而且也具备了做官的资格。

到了第二年的农历二三月，各省的举人就要“进京赶考”，去都城参加春三月的会试。会试由礼部主持，在京城的贡院举行，也是考三场，共考九天，考中的人被称为“贡士”。到了农历四月，贡士们要进皇宫参加殿试，一旦过了殿试，考生们就是进士啦！

在古代，第一也称“元”，那么，乡试的第一名就叫“解（jiè）元”，会试的第一名叫“会元”，殿试的第一名叫“状元”。一个人若得了个“三连冠”，那就是著名的“连中三元”！这可太难了，要知道，在 1000 多年的科举考试历史中，连中三元的还不到 20 个人呢！

皇帝开考啦

故宫有三大殿——太和殿、中和殿和保和殿，其中太和殿和保和殿都曾是殿试的考场。

一开始，殿试并不是在殿内举行的，而是在太和殿的两廊中举行，到了乾隆五十四年（1789 年）才改在保和殿内进行。殿试那天，殿内会临时摆放一排排桌子，桌上贴着考生的姓名。

太和殿

监考官除了皇帝钦点的王爷和大臣，还有 4 名御史。

殿试既然由皇帝主考，考题自然是皇帝说了算。

为了公平公正，皇帝会先选定 8 位读卷官，让他们拟出若干试题，然后再由皇帝圈定（有时皇帝也会亲自拟定试题）。为了防止漏题，皇帝要到殿试前一天才确定读卷官。一天就得出完考试题？读卷官们出题的时间可够紧张的！当他们知道自己的身份以后就要马不停蹄地赶往文华殿秘密议题。

这会，几十名工匠已经待命，做好连夜刻字、印刷试卷的准备了。

留给考生的时间也不多，殿试只有一天，他们得在天黑前交卷。能进入殿试的都是佼佼者，他们不仅要把答案写得有水平，还要把字写得工整、漂亮。字写不好可是会大大影响成绩的。

考生交卷后，读卷官出场了，他们也是评卷老师，每个人都要在两天内把所有试卷评阅完，然后选出排在前十名的试卷。

激动人心的时刻终于到来啦！殿试后第三天黎明，前十名考生的试卷将被呈给皇帝。皇帝会选出前三名，由专人再写小金榜和大金榜。

金榜怎么还有大小之分呢？原来小金榜是供皇帝看后，在金殿宣读和存档用的，而大金榜则是张贴公布用的。

清代的大金榜，高 0.8 米，长约 20 米，上面清楚地记录着每个进士的姓名、籍贯、名次，并盖有“皇帝之宝”大红印章。金榜上还有一个大大的“榜”字，显得非常气派。大金榜张贴

在长安左门外（今天安门广场东侧）的红墙上，张榜时可是人山人海，极为壮观呢！

三年一次的考试，到此就正式落下帷幕了。

与时俱进的考试

晚清时期，整个世界的政治、经济、文化都在发生急剧的变化，而科举考试却没有大的变化，它的内容也与社会需要的知识日益脱节，再加上新式教育的兴起，最终朝廷在 1905 年终止了科举考试，科举制度走到了生命的尽头。

科举制度在中国实行了约 1300 年，许多读书人的命运因为科举而发生变化。科举制度不仅在中国产生了重大影响，还走出国门，对世界文明的发展起到了巨大作用，亚洲的朝鲜、日本、越南等国，从唐代开始就将科举制度引入；欧洲的英国在 19 世纪末，也效仿中国科举制度，建立了文官考试制度，这是西方文官考试制度的开端。公平选拔人才的原则，正是中国科举制度的精髓。

然而，必须强调的是，科举制度没能随着时代的发展进行必要的改革，特别是到了清代，世界发展日新月异，而科举考试的内容，还是引导人们读死书、死读书，同为科学而读书的社会需要严重脱节。于是，人们纷纷要求发展新式教育，改革甚至废止科举，就连袁世凯、张之洞等大臣都联合上奏，要求“立停科举以广学堂”。为此，清政府在 1905 年决定废除科举制度，科举制度走到了尽头。

科举制度从兴起到衰亡，给了我们这样一个启示：任何人和事，都必须与时俱进，只有这样才能生存和发展。你说对吗？你能记住这个道理吗？

虽然这种制度已经成为历史，但人们表达美好祝愿的很多词依旧与之息息相关。金榜题名会有时，希望那个人就是你。

禁止

“禁”竟然和饮酒有关

我们经常会在生活中看到“禁止”一词，它的意思是“不许”，经常被用来约束人们的行为，如“禁止踩踏花草”“禁止带危险品上车”等。有时为了进一步增强约束的力度，人们会在“禁”之前加上“严”字，如“严禁酒后驾驶”。不过，你知道吗，“禁止”的“禁”原本是一种青铜器的名称。

特别稀有的青铜禁

说到青铜器，你也许能想到鼎、尊、爵、编钟等很多耳熟能详的器物，但对青铜禁可能会感到相对陌生。这很正常，因为考古发现的青铜禁数量太少了，大家在博物馆里都很难看到，

夔纹铜禁　西周　天津博物馆藏

更别说了解它们了。青铜禁为什么这么少见呢？这是因为在周代，青铜禁是一种大型礼器，只有王室在重要的祭祀场合才会使用，铸造时需要耗费大量珍贵的铜。

这么稀少的青铜禁究竟长什么样，是做什么用的呢？

青铜禁的形状基本为长方体。以天津博物馆收藏的西周时的夔（kuí）纹铜禁为例，它长 126 厘米、宽 46.6 厘米、高 23 厘米，前、后壁各有 16 个长方形孔，左、右壁各有 4 个长方形孔，顶面中间部位有 3 个椭圆形孔。因为它的四周都装饰着生动的夔龙纹，所以才有了“夔纹铜禁”的名字。根据这些简单的描述，你能猜到它的用处吗？

其实，禁是用来盛放物品的。你看它是不是和咱们家里的茶几有些相似呢？请你再仔细观察夔纹铜禁的 3 个椭圆形孔，看到上面凸起的口沿了吗？那就是为了嵌合所放置的器物而设计的，可以使放在椭圆形孔里的器物更加稳定。至于放置什么器物，都是有严格规定的。比如夔纹铜禁的椭圆形孔，恰好同一般的卣（yǒu）、觥（gōng）、壶等青铜器底部形状一致，所以可以用来放置这些青铜器。

卣

觥

壶

流失海外的珍贵青铜禁

令人痛心的是，青铜禁数量本来已很稀少（传世的西周青铜禁只有两件），却还有一件流失海外。我国从地下挖掘出来的第一件青铜禁——柉（fán）禁（又称夔蝉纹禁），如今就被收藏于美国纽约的大都会艺术博物馆中。

在柉禁出土之前，人们只在古籍中了解到有“禁”这种器物，并没有人见过。据传，清代光绪二十七年（1901 年），陕西宝鸡戴家湾的乡民在挖地时挖出了一座古墓，柉禁重见天日，这才让人们看到了青铜禁的庐山真面目。更重要的是，这次出土的不仅有青铜禁，还有和它配套的尊、卣、爵、觚（gū）、觯（zhì）等 13 件青铜器。柉禁是目前已知的西周青铜禁中唯一一件和配套青铜器一同出土的青铜禁，具有极高的学术研究价值和艺术欣赏价值。

禁酒令≠不饮酒

不知你有没有发现，和青铜禁配套的青铜器，从器物名称上看都是酒器。其实这正是周天子铸造青铜禁的关键所在。

大家都知道商代盛行饮酒，必定要制造大量酒器，所以在各个博物馆收藏、展出的商代青铜器中，酒器的种类和数量都比较多。商代的最后一位君王商纣王甚至在他的行宫里建造了酒池肉林，他和最宠爱的妃子妲己以及宠信的大臣在那里饮酒作乐，既误了国家大事，也引发了百姓的怨恨。

商朝灭亡后，给周天子辅政的周公旦仔细分析了商亡国的原因，他认为，过度饮酒是重要原因之一。为了谨记这个教训，他制定并颁布了《酒诰》，也就是禁酒令，这也是我们能看到的中国历史上第一个禁酒令。当然，《酒诰》并不是说让人们

杮禁及配套青铜器　西周
大都会艺术博物馆藏

一点酒也不能喝，它旨在告诫人们要适度饮酒，平常不要饮酒，只有在祭祀这样的重大仪式上，为了表示对天地神灵、国君的尊敬和对祖先的孝敬，才可以饮酒，但一定不能喝醉。

周天子下令铸“禁”

除了《酒诰》的明文规定，周天子还特意命人设计、铸造了名为“禁”的青铜器。那“禁”究竟是什么意思呢？东汉一位叫郑玄的大学问家告诉人们，“名之为禁者，因为酒戒也”，也就是说“禁”的名称其实源于戒酒的用意。

既然要让禁起到戒酒的作用，那它的使用场合就很有讲究了：每当周天子举行祭祀大典时，禁就会被摆放在一个显著的位置，禁上摆放着尊、卣、觥等酒器。在场的大多数人都是有一定身份地位的王公贵族，这些人往往也是饮酒大户，所以更是《酒诰》重点告诫的对象。

我们不妨设想一下，那些参加祭祀的贵族，穿着庄重的礼服，怀着虔诚的心情来到现场，尽管闻到了酒的美味，也端起了酒杯，可面前那醒目的禁彰显着告诫的威力，再加上祭祀时神圣严肃的气氛，禁酒的效果应该是显而易见的。西周时期的酒器明显比商代的酒器品种少、数量少，这正是当时西周禁酒的一个真实写照。

做事往往应有节有度，对成年人来说，适度饮酒是没问题的，但酒精会麻痹人的神经，喝多了不利于身体健康，甚至会酿成悲剧——那些司机酒后驾驶导致车毁人亡的事故如今仍时有发生。所以青铜禁的出现是社会文明进步的一个表现。那些由“禁止”开头的标语，无论是“禁止过度饮酒”“禁止高空抛物”“禁止大声喧哗”，还是“禁止翻越”“禁止触摸”“禁止拍照”等，它们或是为了保障我们和他人的人身安全，或是为了保护公共财物，或是为了顾及公众的感受，我们都必须严格遵守。

门户

“门户”怎样才相当

我们每天都会说到“门”这个字，“把门锁好再走”“商店开门了”“快件放门口了”……带门的词也特别多，比如门钉、门面、门户、门神、门客、门生、门路、门诊等，本文就给大家讲讲“门户”这个词。

“门户”是什么

“门户”现在主要有5种含义：第一种是门的总称，1899年，正当英、法、俄、德等帝国主义国家在中国抢占势力范围、极力瓜分中国的时候，美国让中国“门户开放”，以便尽情宰割中国，这里的“门户”象征中国的国门；第二种是比喻出入必经的要地，如称某地是“这一带的门户，一定要加强守护”；第三种指家，如“兄弟分居，自立门户”；第四种表示的是某个派别、某种团体，如“门户之见”；第五种就是门第，如“门户相当”。

那你知道门户的本义是什么吗？它原来是指院落的出入处。院落是由人工围合起来、与外界隔绝的私密场地，院落的出入口就是“门”，门是院落的重要构成部分；“户”早在商代的甲骨文中就有了，它是个象形字，像一扇门的形状，古人将单扇的门板称为“户”，所以古人讲“有门必有扇”，也就是有门必有户。门户开启，内外贯通；门户关闭，内外隔绝。这样大家应该明白为什么“门户”可以组成一个词了吧！

“户”的字形演变

四合院的门

在古代，一个院落里居住着一户人家，每个院落都有一个院门（也叫街门、大门）。由于人们社会地位和经济收入的差异，各家的院落自然也有诸多不同，院落的面积大小、房屋高低、建材种类、装饰内容等方面都有差别，这些差别在院门（也就是门户）上有着最鲜明的体现——只要一看院门，人们就知道院内是一户怎样的人家，所以就有了“门当户对”之说。

那怎样才是“门当户对”呢？下面就以中国北方最典型的住宅——四合院的门为例，简要说明。

四合院的门，犹如一幅画作的点睛之笔，门上的讲究可大了。按照建筑的规制，四合院的门可分为屋宇式大门和墙垣式大门两大类。

1. 由房屋构成的屋宇式大门

屋宇式大门是由一间或若干间房屋构成的，设有这种大门的院落，主人一般有相当高的官职或者经济实力雄厚。屋宇式大门又可以分为王府大门、广亮大门、金柱大门、蛮子门和如意门这五种，每一种都有着鲜明的特点。

王府大门是四合院里等级最高的门。在清代，只有获得相关爵位的人的住所才能称府，如亲王府、郡王府、贝勒府等。王府大门或一溜五间大房，正中三间开有大门；或一溜三间大

醇亲王府大门

房，正中一间开有大门。

广亮大门是等级第二高的门，形式很气派，只有高官显贵才能使用。大门占一间房的位置，门洞（门道）在门扇内外各是一半。

广亮大门

金柱大门的等级仅次于广亮大门，比广亮大门的门要窄小一些，有的甚至只有广亮大门的一半宽，但其他形式与广亮大门相同。门框安在从前面数的第二根檐柱（金柱）上，外门洞空间较小，门内空间相对较大。

金柱大门

蛮子门比金柱大门略低一等，最大的特点是将门扇装在了靠外面的檐柱位置，门里空间很大，可以存放更多物品。

蛮子门

如意门的院主人一般是没有官职且没有太多财产的富裕人家。大门的位置和蛮子门一样，门扇比广亮大门要小很多，只有两个门簪，门两边空出来的地方用砖砌成砖墙。

如意门

随墙门

2. 开在墙上的墙垣式大门

使用墙垣式大门的院落多是普通百姓居住，这一类院落里最常见的就是随墙门了，也有人叫它窄大门，一个“窄”字和一个“墙”字，都极其形象地概括了这种门的特点：它没有门洞，只有门框和两个小门扇，进了门就是院落，自然也没有门簪、门墩和其他装饰，看上去确实有些简陋。

大门的小构件

1. 门框和门槛

四合院的门，两边竖着的是门框，上下都有横着的门槛，上面的门槛也叫门梁。门框的底端不能埋进地里，那样会很快腐朽，而要插进门枕石的沟槽中；下门槛也要嵌进门枕石侧面的沟槽中，这样门框底端和下门槛就通过门枕石牢固地连为一体了。

末代皇帝溥仪年轻的时候在紫禁城中骑自行车，那一道道大门的门槛使他感到很不方便，干脆就下令把后宫内东二长街等地几十扇大门的门槛给锯掉了。你去故宫参观的话，还能看到那些被锯掉的门槛安静地横在距离宫门不远处的宫墙下。

故宫里被锯掉的门槛

古代的大门一般是往里开，门槛在门外，门槛的高度与门口大小有关，凡是大型的门，门槛必定高，所以门槛也可以用来比喻进入某种范围的标准或者条件。

2. 门枕石

这是一种长条形的石头，它露在门外的部分被制成了具有装饰性的门墩，有长方形的，像书箱；有圆形的，像战鼓。门墩的形式与身份地位有关，明清时，做官的、有功名的人家才能用鼓形门墩，而没有官职、没有功名的人家则用长方形门墩。

门墩

3. 门簪

大门门梁上的门簪本是锁合上门槛等相关木构件的一个木栓钉，由于工匠们刻意把它露在门外的一头做得很大，像妇女头上的发簪，所以被称为“门簪”。

门簪有四边形、六边形、圆形等多种式样。门簪上的文字、纹饰往往也能体现主人的身份地位和喜好意趣。比如有的门簪上描绘着兰花、荷花、菊花、梅花，喻示着春、夏、秋、冬四季；有的门簪上则是寓意美好的文字，如吉祥如意、福禄寿喜、天下太平等。如意门就是因为门簪上大多写“如意”两个字而得名。

门，或者说门户，本就是一个建筑元素，有着极强的实用功能。然而，由于门（门户）的使用者不同，它的形式也就有了差异。反过来，这些门上的种种不同，又成了人们判断其主人身份、地位、家境等因素的窗口。古代人给儿女们提亲、定亲之前，都会专门派人到对方院门前看一看，看是什么门，以及那门墩、门簪的式样和纹饰，以此考虑这门亲事是不是“门当户对”。如果对方是广亮大门、金柱大门，而自己是如意门、随墙门，那肯定就是“门不当，户不对”了。仅仅靠一扇门，就可能决定一个人一辈子的婚姻大事，这是旧时代阶层关系的一个侧面反映。而今时代进步了，这种不平等的现象已成为历史。

大驾

“大驾”是最高级别的仪仗

请求他人帮助时，我们常会说的一个词是“劳您大驾”；遇到客人来家里做客，我们也会很热情地说“欢迎大驾光临”。“大驾”在这里是一种客气的礼貌用语，含有一定的敬意。当我们究其本义时，发现“大驾”在古代礼仪文化中，是皇家出行时一种级别最高、规模最大的仪仗，是尊上的体现。

自周代制定《周礼》起，我国古代就建立了一套等级分明的礼仪制度——不同等级的人在不同场合要使用不同的排场、不同的器物。具体到出行来说，帝王出行和官员出行在车马、人员、旗帜、乐器等各个方面都有巨大差别，而皇帝出行因目的不同，使用的车马、随行人员等也有差别，并不是什么场合都是同一种规格。这就需要制立一个制度，明确规定各种不同场合的规格、等级，这种制度属于礼制。

“航拍”皇帝出行

古代将皇帝出行时的那些仪仗、车马以及随行人员总称为“卤簿”，不同目的的出行，配备不同规格的“卤簿”，而“卤簿”就是礼仪制度的一部分。今天以中国国家博物馆收藏的《大驾卤簿图书》卷为例，给大家讲一点大驾卤簿的往事。

该图画创作于元代，但描绘的却是宋代大驾卤簿的情况。全图长 1481 厘米，差不多是《清明上河图》长度的 3 倍。与《清明上河图》不同的是，这幅图除了有画面，还有大量的文字，详细注明了图中所描绘的人和物，所以被称为《大驾卤簿图书》卷。

宋代卤簿分为 4 个等级，即大驾卤簿、法驾卤簿、小驾卤

《大驾卤簿图书》卷（局部）　元　中国国家博物馆藏

簿和黄麾仗，其中大驾卤簿的等级最高。你现在看到的画面，仅仅是原图中很小的一部分。根据看到的情景，你能猜出全图大约有多少人、多少马、多少车吗？

答案揭晓：全图共有官吏、将士 5481 人，马 2873 匹，车 61 乘，大象 6 只，牛 36 头，还有很多乐器、旗帜等，场面非常宏大。这些数字是不是超出了你的想象呢？

为什么里面还有大象呢？按照礼仪制度，自汉代开始，卤簿中就有大象，而且大象排在队伍最前面，称为“象引”。古代将大象排在队伍前面，是有很强的象征性的。传说在舜担任部落联盟首领的时候，他美好的德行受到人们的一致称赞，连

《大驾卤簿图书》卷中的大象

大象都主动来帮舜耕地。大象的出现，被当时的人理解为明君在世，所以在大驾卤簿中用大象做排头兵，自然是象征皇帝是有德的明君了。再者，大象身躯庞大，也能更好地显示皇家的威仪。

《大驾卤簿图书》卷画面中有部分大驾卤簿是规格最高的，处在图中最核心的部分——那是一辆与众不同的车。它的车顶是圆形，车厢是方形，象征“天圆地方”，由6匹马拉着，即“天子驾六”。这辆车的名字叫“玉辂（lù）”。“辂”的本义是大车，因为用玉来装饰，所以叫玉辂。据记载，宋代皇帝乘坐的这辆玉辂居然还是唐朝传下来的，可以说是十分坚固耐用了。那么，动用这最高规格的大驾卤簿，皇帝是要去哪里呢？

根据礼仪制度，皇帝是要到都城河南开封的南郊举行祭祀天地的典礼。这是最隆重的祭典，所以要使用大驾卤簿。皇帝的大驾到了开封南郊，这可是名副其实的“大驾光临”了。

十里之内才是“郊”

说到“郊”，你可能会想到郊区、城外、乡村。事实上，古人并不是将城外的区域都称为郊，而是按照距离城市的远近来给不同区域命名。古书上说“十里为郊”，意思是说距离城墙十里的范围内都属于“郊”。那十里之外呢？请记住，每十里有一个新名字，它们分别是“牧”“野”“林”“坰（dòng）”，也就是距离城墙十到二十里的范围叫“牧”，距离城墙二十到三十里的范围叫“野”，以此类推。

《大驾卤簿图书》卷由于人物众多，而且非常写实，再加上有那么多详细的文字说明，所以它成为我们研究宋代服装、仪仗、兵器、乐器等内容的重要参考资料。也正因为它有极高的历史价值，所以在2008年，它作为中国名画之一“出现”在北京奥运会开幕式上，受到了全世界的瞩目。

古今礼制各不同

像《大驾卤簿图书》卷所描述的这种祭祀天地的大典，宋代前后的各朝代都要举行。这一方面是由于当时的人们缺乏自然科学知识，误以为天地间有威力巨大的天地神灵，所以要动用大量人力、物力去举行祭祀大典，祈盼天地神灵能够降福消灾，让人们过上好日子；另一方面是因为这种祭祀大典的权力是皇帝专属的，他需要用盛大的仪式来彰显自己绝对的权威，以此强化百姓对自己“天子”身份的认同，强化自己的统治。

随着封建制度被推翻，皇帝的祭祀大典成为历史，但是礼仪制度并没有消失。不同时代的礼仪制度内容自然是不同的，它要反映时代的精神面貌。现在我们在一些场合看到的仪仗队，就是当代礼仪制度的一部分。例如一个国家在迎、送来访的外国领导人时，都会举办隆重的仪式，以表达对来访者的友好与尊重。

五色

大有说头的“五色”

相信你对五星红旗、五仁月饼、四书五经这些词语耳熟能详，那你听说过“五色”吗？2000多年前的儒家经典著作《尚书》中就已有“五色”这个词了。五色是指五种颜色，我们每天都要和颜色打交道，无论是吃的、用的、看的、写的，都离不开颜色，甚至我们说话时也常会使用五彩缤纷、五颜六色、色彩鲜艳、红得发紫之类的词语。那如果我问你，五色是指哪五种颜色，你能说上来吗？还有，你知道我们的祖先把颜色分成了“正色”和“间色”两大类吗？还有特别重要的一点，你知道古人是怎样看待这些颜色的，又是怎样运用这些颜色的吗？这些都是特别有趣的问题，咱们就从人类最早使用的颜料说起吧。

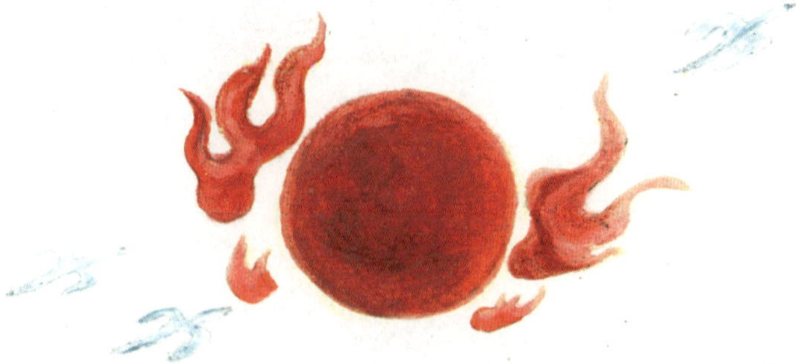

“中国红”从哪里来

在距今约3万年前，北京周口店居住着山顶洞人。考古人员发现山顶洞人会在去世的人周围撒红色粉末。经过化验，人们发现那些红色粉末竟然是赤铁矿的粉末，这成为目前所知人类把天然铁矿石作为颜料使用的最早例证。无独有偶，在更晚一些的广西、广东、青海等地的新石器时代遗址中，考古人员也发现了在人的尸体周围或身上有赤铁矿粉末的现象。古人为

什么要在埋葬死者时撒红色粉末呢？

民俗学家研究认为，红色应该是人类最先崇尚的色彩。因为初升的太阳是红彤彤的，有了太阳的照耀，人们才会感到温暖，万物才能生长，于是人们对太阳格外崇拜、依恋。再者，火也是红色的，火能给人类带来温暖、光明，人们还能用火煮熟食物或者驱逐野兽，火在人们的生活中不可或缺。所以红色成了人们心目中最重要的色彩，这一观念一直沿袭至今，现在，红色也是中国最重要的代表色。至于古人在尸体周围撒红色粉末，专家研究认为这很可能是因为人的血液是红色的，人死去血液也就枯竭了，古人撒和血液相同颜色的粉末是希望死者的灵魂永生。

古人用的颜料可以分为矿物颜料和植物颜料两种。

以红色为例，我们最常见的矿物颜料是铁红。如果你在博物馆里看到新石器时代的彩陶，那上面的红色花纹就是用铁红绘成的。铁红的颜色比较暗，不够鲜亮，色泽鲜艳的红色是矿物颜料中的朱砂呈现出来的。一些甲骨文就是用朱砂写成的。

植物颜料是西周时才开始出现的，人们从茜草、红花、苏枋等植物中提取到了红色颜料。

颜色也分等级

和红色紧密相连的是黄色、蓝色、白色、黑色，从周代起，

马厂类型彩陶四圈纹壶　新石器时代
上海博物馆藏

这五种颜色被称为“正色”，其他颜色则是“间色”，如大家熟悉的绿色、褐色、藕荷色、灰色等。间色一般是由正色中的颜色混合而成的，如蓝色和黄色可以调配出绿色，蓝色和红色可以调配出紫色……如果你学过三原色知识，那你肯定知道，用红黄蓝这三种颜料可以调配出任何一种颜色。

古人不仅把颜色简单地分为正色和间色，还赋予了它们不同的等级。

举个例子：现在你可以根据自己的喜好选购不同颜色、不同款式的衣服，你一眼就看上了一件漂亮的红色衣服，啊，看上去真不错！这时，如果你坐上时光机回到周代，那恭喜你啦，穿着红色衣服的你在周代也是一个“时髦小孩”；可如果时光机将你带到秦代，那你可要遇到麻烦了，因为在秦代，黑色才是最受尊崇的颜色，从帝王到百姓都要穿黑色衣服，只有犯人才穿红褐色的粗布衣服。

占据中心的黄色

古人还将五色和东西南北中五个方向以及金木水火土五种物质进行了组合，以蓝白红黑黄分别对应东西南北中和木金水火土。

那黄色和土为什么居中呢？古人认为土是孕育万物的物质，植物都会在土里生长，所以土被古人看作生命之源，黄色代表土，所以居于中心。

唐代时，封建帝王为了加强自己的统治，就将黄色进一步升级，使其成为最尊贵的颜色，成为皇族的专用色——皇帝的龙袍是黄色，皇宫的房顶是黄色，皇族打的伞是黄色……到了清代，皇宫内就连吃饭的饭碗、菜盘都是黄色。别说平民百姓，就是当官的也不能随便用黄瓦、刷黄墙、穿黄色衣服。清代时，对有大功劳的人或者特殊岗位的人，皇帝才赏一件黄马褂穿。谁要是有了黄马褂，那可真是十分风光。黄色成了帝王的专用色，那就更要占据中心的位置了。

黄色缎绣云龙狐皮龙袍　清

故宫博物院藏

青是蓝还是绿

实际上，土并不都是黄色的，北京的中山公园是明清时期的社稷坛，“社”是土地，“稷”是五谷，明清的帝王每年都要在社稷坛进行祭祀，祈祷五谷丰登。社稷坛里最重要的一个景观就是五色土，按东西南北中的方位，那里分别摆放了青土、白土、红土、黑土和黄土。这些土来自全国各地，明清时从全国300多个地方各取土100斤运到京城，那场面真的是非常壮观和隆重呢。

看到这你可能会问，为什么是青土而不是蓝土？原来，古人常常将蓝写作青，原本是东方蓝，却写成东方青，这是有讲究的。这里的青字有时可以解释为蓝，有时又可以解释为绿，

社稷坛

如青花瓷的“青花”，就是蓝色的花纹；荀子讲“青，取之于蓝，而青于蓝”，这第一个“青”是蓝色染料，“蓝”则是指一种叫蓼（liǎo）蓝的草本植物，人们正是从蓼蓝中提取了蓝色染料；而当人们说到青菜的时候，青又成了绿色，谁也不会把青菜当成蓝叶子的菜吧？

五色，表面上看就是红、黄、蓝、白、黑五种颜色，可说起来却有这么多讲究，中国文化的博大精深由此可见一斑！

青花折枝花果纹瓶　清
中国国家博物馆藏

耕耘

没有“耕耘”，哪有收获

我们经常把老师教书育人的工作赞誉为辛勤耕耘；有时人们还将研究、创作也比喻为耕耘，比如有一个词叫“笔耕不辍”，指坚持写作；有一篇文章里写道：“人生还像是一块神奇的土地，我们每个人则是手握农具的耕耘者。”你知道“耕”和“耘”分别指什么吗？

10 000 年前有了“耕”

“耕耘”是农业生产中产生的词，“耕”指把田里的土翻松，“耘”指在田里除草，它们都是农业生产中的关键环节。

10 000 多年以前，我国的原始农业生产被称为“火耕”或者“刀耕”，也就是人们用石斧等工具把土地上的树木、野草

等砍掉，晒干后用一把火烧光，再用木棍、竹竿等在地上挖坑，往坑里播种后适时浇水，就等着收获了。这样简单的耕种，自然会导致谷物的产量非常有限。

一些聪明的古人注意到种过谷物的土地会变硬，不翻动的话，不仅播种很费劲，还影响禾苗的生长，于是他们发明了骨耜（sì）、石耜、石铲、石锄等翻土工具。原始农业进入“耜耕”阶段。考古人员在距今7000年左右的浙江河姆渡遗址发现了190多件骨耜，这些骨耜都是用牛、羊等动物的肩胛骨制成的，捆绑上木柄就可以用来翻土、平整土地了，形状很像今天的铁锨（xiān）。

说到平整土地，这可是原始农业阶段的一个重大进步，表明人们由单纯、粗放利用土地，过渡到适当改善土地，以求得更好收成。我曾到湖南一个名为城头山的遗址参观考察，那里发现了距今6000多年的古稻田，上面有人工垒筑的田埂，田埂间是平整的稻田，田边有水坑，由水沟连接通向稻田。在距今5000年左右的一些遗址中，人们还发现了原始石犁，这种新出现的整地工具可能用于开沟排灌。

骨耜 新石器时代
中国国家博物馆藏

商周时期，石犁的数量越来越多，但那时的石犁入土比较浅，浅耕后种下的禾苗扎根不深，吸收的水分、营养也不多，自然不够茁壮。到春秋战国时，人们提出了“深耕熟耰(yōu)”的主张，耕种的土地要比以前挖得更深，再用耰将土块弄碎(“耰”后来也指将土块弄碎的行为)，这样既便于播种，又能减少土壤水分的蒸发，让禾苗吸收更多水分。

石犁 新石器时代
浙江省博物馆藏

铁犁铧　战国　中国国家博物馆藏

不过，要实现深耕，之前的那些农具显然已经落后了，必须改进。恰好当时我国已有了成熟的炼铁技术，铁农具应运而生。铁农具坚固耐用，使用起来方便快捷，而且价格也比较便宜，大大提高了耕种的效率。考古发掘出的春秋战国时期的铁农具种类很多，有镢（jué）、镰、锄、铲、耙（pá）、犁铧（huá）等，可以适应各个农业生产环节的需要，其中最重要的是犁铧。当时的犁铧看起来像倒过来的帽子，将它套到木犁头上，就可以松土划沟了，在使用中磨损了还可以更换。

人的创造力是无限的，对农具的改进也是如此。汉代，人们对犁做了重大改良：一方面表现为犁铧体量加大，形状多改为舌形，长宽基本相同，这样既便于入土，也不容易损坏；另一方面，人们还发明了犁壁（也叫犁镜），它呈曲面形，装在犁铧上方。这样一来，犁不仅能松土、碎土，还能将掀起的土向一侧翻盖，杂草就随之被埋在下面做肥料了。

这犁壁看起来很普通，和犁铧装在一起也不复杂，似乎没什么了不起。但你可别小看了它，它可是实实在在地提高了农业生产效率，长期稳坐世界上最先进的农具宝座之位。

你知道吗，古代的印度、波斯和阿拉伯地区，一直使用没有犁壁的犁，农业生产效率很受影响；欧洲的犁有犁壁，但不是铁制的，是木头的，而且是直面，这样会造成犁壁和犁铧不能相互贴合，它们之间有一条很大的缝隙，犁地时杂草、

铁犁铧、铁犁壁　西汉
中国国家博物馆藏

泥土就不断夹在缝隙中，越犁地夹的就越多，弄得牛和人都特别费力气，只能隔几分钟就停下来，用木棍清除夹在缝隙中的那些杂草和泥土，很影响效率。17 世纪时，荷兰海员将带有犁壁的中国犁带回荷兰，不久又传到英国、法国等欧洲国家，当地人一致认为这是最便宜最好用的犁。当然，欧洲人很快便对中国的犁进行了仿制和改进，大大促进了他们农业生产的发展。

汉代的犁架又长又重，往往要两头牛拉犁（也称“二牛抬杠”），不够灵活。到了唐代，人们对犁进行了一次大改动，将又长又直的犁辕改为弯曲的、短的“曲辕”，使整个犁架变小，重量也减轻了，只需一头牛就可以拉动。除此之外，人们还增加了保护犁壁的装置，改进了调节犁头入土深浅的装置，使操作更省力。宋代犁辕的犁身整体缩小，犁的重量进一步减轻，变得更加灵活便捷。这样的犁不仅适用于平地，在山区梯田上也可以使用。传统的犁就此定型，一直沿用到近代。

中耕除草，不稂不莠

野草有极强的生命力，田地里的野草会和作物争夺水分、养料和阳光。人们逐渐认识到除草能促进作物生长，收获更多的粮食，“中耕”这个技术环节便产生了。

中耕就是在作物生长期，在植株之间锄草、松土、培土等。

锄草不仅可以除去野草，打破水分蒸发的通道，而且由于铁锄要深入地下一寸（约3厘米），也疏松了土壤，让作物能更好地生长。

《诗经》里有一句“不稂(láng)不莠(yǒu)”，稂和莠都是长得像禾苗的野草，它们会妨碍禾苗的生长。诗句的原义是说，人们要把野草清除干净，达到“不稂不莠”的程度。可见当时人们对中耕除草的重视。

战国时称中耕除草为“耨(nòu)”，当时除草的小铁锄也叫耨，它只有人的小手臂那么长。后来人们发明了一种六角形铁锄，安在长木柄上使用能大大省力，提高除草的效率。

战国时期的六角形铁锄

到了汉代，由于更讲究精耕细作，所以人们对各种作物都要进行多次中耕除草。虽然多流了一些汗，但作物产量多了很多，所有的辛苦都是值得的！

现在，你有没有感受到，用“耕耘”来赞美老师的教学实在是太恰当了！农民耕种要深耕，老师教学要挖掘每节课的知识点，帮助同学们深入理解。我们学习知识也不能浅尝辄止，应当学深学透，才能真正掌握。老师讲得深入透彻，我们学得明白扎实，收获得也多，这不就像人们耕种获得收成一样吗？老师在教书的同时，还要指引我们克服各种缺点，让我们在成长过程中找到正确的前进方向；我们自己也要善于发现和敢于正视自己的不足，并及时修正错误，这不就是中耕锄草嘛！让我们每个人都在学习、生活时努力耕耘吧！

五谷

“五谷”丰登，国泰民安

今天，当形容一些人不爱劳动又缺少农业常识时，我们往往爱说“四体不勤，五谷不分”；而当形容粮食丰收、生活富裕时，人们就会说“五谷丰登，国泰民安”。这里的五谷指的是什么，又有着怎样的历史呢？

别看五谷就两个字，古书上对它的说法却很不一致，有的说是“黍（shǔ）稷（jì）菽（shū）麦稻”，有的说是“稻稷麦豆麻”，还有的说是“稻黍稷麦菽”，等等。这么多种说法，哪种正确呀？其实都正确，因为五谷是我国古代对几种主要粮食作物的泛称，黄河流域以旱田作物为主，于是中原地区留存的文献中就没有把水稻列入五谷；而居住在长江流域的人，也没有在五谷中加入黍。如果一定要确认具体是哪五种作物才算五谷的话，大多数专家认为应该是“稻粟（sù）黍菽麦”，它们大都有8000年以上的历史。

河姆渡遗址出土的稻谷

“年岁”最大的水稻

五谷中“年岁”最大的是稻，非常有趣的是，随着考古发掘不断取得新成果，它的“年岁”也呈现出跳跃式的增长。

带藤条残木柄骨耜　新石器时代
浙江省博物馆藏

在20世纪60年代，我在中国历史博物馆（今中国国家博物馆）给一位外国农业科学院院长讲解时，我们就水稻的原产地产生了“激烈”的争论。我讲中国的水稻是世界上最早的，当时我们发现的水稻遗存距今4000多年，他说他们国家发现的水稻是最早的，也是距今4000多年，我们互不服气。到20世纪70年代，考古人员在浙江余姚河姆渡遗址发现了大面积的稻谷遗存，时间是距今 6900 年左右，伴随稻谷出土的，还有骨耜等典型的农具。这一发现引起了世人的广泛关注，那些稻谷也成为当时世界上最早的稻谷遗存。

历史的脚步没有就此停止，到 20 世纪 80 年代，湖北、湖南发现了距今 8000 年的稻谷遗存；到 20 世纪 90 年代，江西万年吊桶环遗址、广东英德牛栏洞遗址又先后有了新发现，说明距今 10 000 多年前，我国的原始居民就已栽培水稻，这进一步证明了中国是水稻的起源地之一。

我们的祖先通过对水稻的培育，为人类的饮食发展做出了巨大的贡献。此外，我们的祖先在距今 7000 年时就懂得了用蒸汽加工食物，制成了蒸食物的陶甑（zèng），所以我曾跟很多同学说，是中国人蒸熟了世界上第一碗米饭。

器盖、陶甑和夹砂陶罐
新石器时代
西安半坡博物馆藏

草鞋山遗址出土的红陶甑

营养价值高的粟和黍

粟即谷子，去皮后叫小米，很多人用它煮粥。小米的营养价值非常高，蛋白质、脂肪含量都高于大米，还含有丰富的维生素，对我们的身体很有益处。黍是糜子，去皮后叫黄米，它比小米颗粒略大一点，黏性更大，人们喜欢用它来做粽子。目前在辽宁、河北、河南等地发现了距今8000多年的粟，在内蒙古发现了距今8000多年的黍。更令人惊喜的是，在北京东胡林遗址距今11 000~9000年的文化堆积中，同时发现了粟和黍两种谷物。粟和黍都比较耐旱，对土壤的肥力要求也很低，最早主要种植在我国北方地区。在宋代以前，粟和黍一直是北方地区人们的主食。

通天洞遗址出土的炭化黍

考古人员在河南洛阳发现了隋唐时期储存粮食的大型国家粮

仓——含嘉仓，有 400 多座仓窖，其中的一座仓窖就储存有约 50 万斤粟粒（已炭化），这样看来，当年粟的种植面积肯定非常大。

含嘉仓 160 号仓窖遗址

用途广泛的菽

菽是古代对大豆的叫法。《诗经》中有“中原有菽，庶民采之”的诗句。毛主席曾引用古义，在诗词中写道：“喜看稻菽千重浪，遍地英雄下夕烟。”大豆原产于我国北方，河南曾出土 4000 多年前的大豆。需要特别强调的一点是，聪明的华夏儿女，不仅把大豆作为粮食，还将大豆做成了酱油和豆腐，大大提高了人们的饮食水平。

豆腐是营养丰富且价格低廉的美食，在世界各地都有很多粉丝。注意，在“豆腐是什么时候发明的”这个关键问题上，曾有一个影响广泛的错误说法——汉代时由淮南王刘安发明了豆腐。事实上，到了宋代才有豆腐，在宋代史料和苏轼的诗词中都有记载。

在湖南沅（yuán）陵侯墓中出土的竹简《美食方》中记有“菽酱汁”。菽酱汁就是酱油，说明至少在2000年前的西汉时期，人们就用酱油做调料了。

抗冻的小麦

对于小麦你是不是更加熟悉呀？它在我国已有5000多年的种植史，在甘肃张掖东灰山遗址出土了目前所知我国最早的小麦颗粒（已炭化）。到了商周时期，小麦的种植就比较普遍了。若从世界范围看，伊拉克曾出土距今8000年的小麦，较中国更早。

很多学者认为小麦的原产地在西亚，中国的小麦是从西亚传入的。但也有学者主张中国的小麦是独立起源的。这个学术问题有待更多的考古发现去解决。

说到麦子，有这么一个问题，战国时期的著作《管子》中说“麦者，谷之始也”，这句话该怎么理解呢？从各种谷物的最早种植年代来看，麦子并不是最早的，为什么管仲说它是“谷之始”呢？原来，麦子是越冬的作物，每年9月下旬播种，冬天的时候，地表的麦苗都蔫儿了，但没有死，第二年春天开始返青，到5月下旬就成熟可以收割了，这时其他农作物有的刚出苗，有的还没播种，所以管仲说麦子是谷物的开始。

看了这5种粮食作物的介绍，再对照一下古人对五谷的几种说法，你有没有对“麻”产生疑问呢？在咱们的印象中，麻是纺织的材料，可以做成麻布、麻绳、麻袋等生活用品，为什么麻还是粮食呢？原来麻是雌雄异株的草本植物，雄麻只开花不结果，纤维细柔，适宜做纺织原料，古人将这种雄麻叫枲（xǐ）；雌麻被称作苴（jū），它结的籽粒是可以食用的。我们的祖先起码在5000年前就食用麻籽了，甘肃就曾出土5000年前的麻籽。汉代以后，人们就将麻籽作为油料了，用它榨油或者做火炬（火烛）。

看到这，不知你有没有想过这么一个问题：我们现在常吃的玉米为什么没有在五谷中呢？因为玉米是一个典型的“外来客”，是在明代中期才从美洲传到中国的，在中国只有500多年的种植史，所以中国古代的史料中并没有它。别看玉米来得晚，但它产量高，很快就成了我国粮食作物中的重要成员。在我国经济不景气的时候，玉米更成了粮食中的“主力军”。

中国自古以来就特别重视农业，农业是国民经济的基础。只有粮食大丰收，人民吃饱饭，才能真正保证人民安康、国家安定，所以“五谷丰登”对于中国人来说意义非凡！

发酵

利用“发酵”做出了大成就

现在，我们每家的厨房中都少不了醋、酱油等调味品。你知道吗，醋和酱油曾经是我国特有的调味品呢。就以醋为例吧，中国有陈醋、米醋、香醋、白醋、熏醋等多个品种。可是如果你到欧美国家旅游，你会发现他们餐桌上的酸味调味品则是诸如柠檬汁这样的各种酸果汁，很少能见到醋。为什么会这样呢？那是因为我们的祖先很早就学会用谷物来酿造醋了，并且创造了一套特有的发酵技术。

“发酵”这个词你一定不陌生，发酵是一种常见的自然现象，地球上几乎无处不在。难能可贵的是，我们的祖先在发酵上有了大发明，做出了大成就。他们在谷物发酵的过程中，巧妙地利用微生物制成了“曲蘖（niè）”，从而开发出酒、醋、酱等的酿造技术。在现代生物学上，这是生物技术中的发酵工程，包含了对微生物的选育、培养基的配制、灭菌、培养、发酵和使用等过程。

实践出真知

微生物形体非常微小，一般用肉眼看不到，只有借助显微镜才能看到。微生物在我们的生活中无处不在，就连你的身体里面也有呢。对于古人来说，他们可不知道什么是微生物，当然也不知道微生物的无处不在。可他们却实实在在地利用了微生物，这就是实践出真知的道理。

那他们是怎么从实践中得到真知的呢？这主要归功于他们能认真观察身边的事物，并大胆实践、积极探索和善于总结。就拿霉菌来说吧，咱们每个家庭都会遇到它，家里的苹果、面包、馒头、烙饼等，有时放置的时间长了就会坏掉，坏掉的部分会出现一些深色的斑点，有时斑点上还会长出“毛毛”，闻一闻味道都变了，这时我们往往就会说“发霉了，不能吃了”。

发霉的面包

这就是一种叫霉菌的微生物在作怪，它让食物腐烂变质了。

古人同样也会遇到这种问题。在六七千年前，人们收获的谷物需要储存起来，可当时储存谷物的设备是很简陋的，这很容易让谷物受潮，谷物长芽、发霉的情况时有发生。可那时的人们不舍得把长芽、发霉的谷物扔掉，就将它们泡在水中想去除霉味后继续吃。然而，令人意想不到的事情发生了。有一次，人们把浸泡在陶缸中长芽、发霉的谷物忘了，好多天以后才想起来。等掀掉盖在陶缸上的一片石板后，人们先是闻到一股特殊的气味，而且这气味还挺好闻的；然后尝了尝缸里的水，竟然有点甜丝丝的；再抓一把缸中的米放到嘴里，觉得很好吃，吃完以后感觉身体有点发热。看到这，你能猜出这是怎么回事吗？

原来，那些泡在水里的长芽、发霉的谷物在微生物的作用下，产生了天然的曲蘖，经过一段时间的发酵后，谷物中的淀粉被分解并发生转化，产生了乙醇（酒精），从而散发出芳香的气味。古人当然不知道其中的科学原理，但他们有一股了不起的钻研劲头，从中得到启发后，他们不断调整谷物和水的比例、浸泡时间的长短、水的温度等。在这种反反复复的操作中，人们积累了许多经验，成功制造出了酒曲，酿出了酒。

科学家在河南舞阳贾湖遗址出土的陶器残片和浙江义乌桥头遗址出土的陶器内壁上，都测定出了酒石酸，将我国酿酒的历史提前到距今 9000 年左右。酿酒的原料是稻米和水果，那些陶器应该是当年酿酒或盛酒用的。这两个发现，是目前所知中国酒的最早实证。

桥头遗址出土的陶器

酒曲的秘密

前面我们两次提到“曲糵”这个词，这是人们对我国早期酒曲的定名，因为从外观上看，它就是松散的、长芽的、发霉的谷粒。随着制造酒曲技术的进步，到汉代时，不仅酒曲的种类多了，而且人们还制成了砖块状的酒曲，称之为“饼曲”。从松散的酒曲到成块的酒曲，这可是酒曲在制造技术上的一个飞跃。块状的酒曲比散状的酒曲保存的时间更长，而且运输起来也更加方便。你说古人多聪明啊！

说到酒曲，接下来给大家讲一个偷“砖头”的故事。你知道吗，在明清时期，有许多西方的传教士来到中国，他们当中有些人有特殊身份，千方百计地刺探我国的情报，搜寻各种宝物。有传教士注意到了我国的酒曲，觉得它非常神奇，就设法偷了一块特殊的砖头——块状酒曲，秘密运送到欧洲，请科学家研究。结果一位法国科学家从酒曲中分离出了几种霉菌，他认识到了霉菌在发酵过程中起的重要作用，并初步揭示了我国酒曲的独特作用。他还在欧洲申请了应用霉菌生产酒精的专利。

块状酒曲

法国科学家对我国酒曲的揭秘，使西方科学家茅塞顿开，他们进一步认识到霉菌等微生物在发酵技术上是大有可为的，很快在有机酸、氨基酸的发酵技术上有了新成就。而通过对霉菌的研究，英国科学家在1928年发现了青霉素，能够治疗由细菌引起的多种疾病。很快，青霉素就实现了工业化的生产。看到这，你是不是对酒曲有些刮目相看了呢？再告诉你一件事情吧，有些国外的科学家认为，酒曲的发明与应用应该和我国的“四大发明”——指南针、造纸术、火药、印刷术并列在一起，成为我国的“第五大发明”。

醋的妙用

除了酿酒，本文开头讲的醋和酱油的酿造也一样离不开发酵。非常有意思的是，醋和酒的酿造竟然有直接的关联，乃至醋又有“苦酒”之称。相信你也听过“自己酿的苦酒自己喝”这个说法，这里的“苦酒”就是醋。那么醋是怎么跟酒沾上边的呢？原来醋的最初制法是先将小米和水按 1:5 的配比煮成粥，再加入曲蘖使小米粥发酵，在发酵过程中，多种微生物发挥综合作用，将粥中的淀粉先转化为糖，糖再转化成酒精，然后靠醋酸菌的作用，将酒精再转化成醋酸，醋酸就是醋的主要成分。有科学家推断，在五六千年前，中国古人就会酿造醋了。

醋在商周时被称为“醯（xī）”。《周礼》中“醯人”指的就是周王室专管制醋的官员。到了汉代，醋开始被称为“酢（cù）”。由于醋的制造和食用都比较普遍了，所以北魏著名农学家贾思勰（xié）在他著的《齐民要术》中竟然写了 22 种“制酢法”，他还自注道：“酢，今醋也。”

贾思勰雕塑

你知道吗，醋除了作为调味品，还有其他多种妙用呢！自古以来，醋和酒都曾被作为药使用。名医扁鹊就告诉人们醋能消毒；李时珍则说在室内蒸发醋，能给空气消毒，他还说醋能健胃消食，能“杀恶毒，破结气”，他在《本草纲目》

中列了 30 多种用醋的药方。

除了药用，醋还可以除垢。家中煮水的壶结了水垢，用醋泡一泡、煮一煮就能将水垢轻松消除。一些铜、铝器皿生了锈，有了污渍，用醋擦拭后可以光洁如初……这主要是醋里的醋酸在起作用。除了醋酸，醋中还有氨基酸、乳酸等其他酸，当然含量最多的是醋酸。

你会“吃醋”吗

说到醋，还有个有趣的事，那就是“吃醋”。“吃醋”原本是食用醋的意思，但这里却多了一层“忌妒”的含义，你知道这是为什么吗？这其实源于唐朝一个真实的故事。唐太宗时，有个著名的大臣叫房玄龄，位居宰相，他办事特别认真、公道，受到官员们的一致好评。唐太宗为了褒奖他，除了赏赐财物外，还想给他几个美女。房玄龄得知此事后，怕妻子卢氏反对，赶忙婉言谢绝。唐太宗知道原因后，就派皇后去劝说卢氏，但任凭皇后怎么劝说，卢氏就是不答应。唐太宗还是不死心，就派人带了一壶酒去向卢氏传旨，说如果她再固执下去，不接受皇帝的美意，就赐给她壶中的毒酒喝。卢氏听了以后，毫不犹豫地夺过酒壶，将壶中的酒一饮而尽，然而，她却没有被毒死。原来壶中装的不是毒酒而是醋。知道了这个结果后，唐太宗也只好作罢，收回了给房玄龄美女的成命。从此以后，“吃醋”

就有了忌妒的含义。现在，当有人看到别人学习或工作成绩比自己好，流露出一些忌妒之意，或讲一些贬低他人的话时，别人就会说他有“醋意”。希望你不爱“吃醋”,因为它不利于团结。

酱和酱油是一家

接下来说说酱和酱油，这也是与人们的生活关系较为密切的调味品。不过有一点你肯定不知道，那就是先有的肉酱，后有的用粮食做的酱。人们将鲜肉切碎，用曲蘖、盐拌匀后，装进陶瓮一类的容器，用泥封上容器的口，放在太阳下晒，使之发酵，肉中的蛋白质经过微生物的分解，产生氨基酸等物质，同时盐又限制了一些有害霉菌的形成。十多天后，人们去掉封泥，闻到一股鲜香味，肉酱就做成了。肉酱在古代被称为“醢（hǎi）”，有牛醢、豕醢、麋（鹿的一种）醢、鱼醢等，连青蛙、田螺都可以做酱。有的贵族还讲究吃不同的肉要配不同的酱，如吃熟麋肉，配鱼酱；吃牛羊肉，配青蛙酱。孔子就曾说“不得其酱，不食”。

周代时，人们掌握了用谷物制酱的方法。前面提到的肉酱，主要是一种食品，而用谷物制作的酱，则主要是调味品。《周礼》记载，周王室“酱用百有二十瓮”,可见当时酱不仅种类多，量也很大。

我国制酱用的谷物主要是大豆，现在我们经常听到“豆瓣酱”这个名字。而将大豆和面相混合做甜面酱则始于唐以后。你一定吃过烤鸭吧，其中配的小料中就有甜面酱。制酱非常关键的一个程序是晒，一边晒还要一边用木棍搅动酱料，好让它充分发酵。一瓮酱的制成要100多天呢。

制酱的过程中会产生酱汁，人们设法取出这些酱汁，再在太阳下晒上一二十天，就是酱油了。后来人们对酱油的需求远远大于对酱的需求，于是在制酱的基础上，专门开发了制作酱油的工艺。《齐民要术》一书中讲到“酱清”，这很可能是酱油最初的名称。宋代的书籍中才有了“酱油”这两个字。现在酱油分为“生抽”“老抽”,其实将酱油称为“抽”,是从清代开始的。本色的酱油称“生抽”,将其在阳光下再晒上几十天,使之增色，酱香味变浓，就成了“老抽”。

我国利用发酵技术制成的食品还有很多，如泡菜、豆豉、酱豆腐、臭豆腐等。我们的老祖宗创造的发酵技术，实实在在地造福了子孙后代，造福了全人类，我们应该为之点个大大的赞。

最后再讲一句，“发酵”作为一个名词还有新的含义，现在一些事情的持续发展，有时就用“发酵”来形容。你能举个例子吗?

六畜

“六畜”兴旺，人心所向（一）

自古以来，人们就年年期盼五谷丰登，六畜兴旺，因为这是人们生活的物质基础。那你知道什么是六畜吗？《三字经》里讲“马牛羊，鸡犬豕，此六畜，人所饲”。原来六畜说的是马、牛、羊、鸡、狗、猪。我国是从什么时候开始饲养这六种动物的呢？它们和人类又有哪些特别的关系呢？

从大的社会环境讲，人类是在谷物种植发展到一定水平时，才将捕捉到的野生动物圈养起来，慢慢地将其驯化成家畜的。那么，你知道六畜中哪一种是最早被驯化的吗？

人类忠实的朋友

从考古的成果看，最早成为家畜的是狗。河北保定出土了距今 10 000 年左右的狗的遗骸，专家研究后认为这是人类驯化的狗。那狗是怎么被驯化的呢？原来，狗的祖先是狼，古人将捕获的狼崽饲养起来，日子一长，狼崽渐渐表现出了对人的亲近感，向人摇尾、舔舐等，而且由于生活环境的变化，它们不再到处奔跑觅食，形体也有了变化，渐渐地就被驯化，变成了家畜狗。狗就成了第一种能与人亲近的动物。

我们都知道，“犬”这个字说的也是狗。为什么一种动物会有两个名称呢？告诉你吧，其实是先有了“犬”字，后来才有了“狗”字。甲骨文中就有几种不同写法的“犬”字，都是象形字，形态非常逼真。“狗”字则最早出现在西周早期的青铜器铭文中，比“犬”字晚了几百年。东汉的《说文解字》中称“大者为犬，小者为狗”。按这种说法，它们的区别在于大

甲骨文“犬”字的不同写法

小。还有古书说，犬是指猎犬，这种说法和今天我们将一些有特殊功能的狗称为犬是同一个意思，如军犬、警犬、搜救犬、缉毒犬等。

在所有的动物中，狗对人的忠诚度是最高的，与人类的互动关系也最多，所以说狗是人类忠实的朋友，你同意吗？

狗的十八般武艺

四五千年前，狗就能为主人看家护院了，而且这种行为一直延续到现在。几十年前农村家家户户都有护院的狗，有的博物馆养着警卫犬，以防盗窃。有意思的是，古人还曾用狗来看守监狱。你看，这“狱”字的字形不就像两只狗在发声吗？

绿釉陶狗　东汉

山东博物馆藏

帮人狩猎更是狗的拿手好戏，狗拥有敏锐的视觉、听觉、嗅觉和强烈的攻击性，这些对于狩猎都十分必要。除了帮人狩猎，狗在搜寻、追捕犯罪嫌疑人，发生地震、泥石流等自然灾害后搜救幸存者等方面，也发挥着重要的作用。

我国有些地方的人还将狗做动力使用，用狗拉车、拉爬犁。狗虽然没有牛、马的劲大，可几只甚至十几只狗一起拉上爬犁，那速度还是很快的。

现在很多人都将狗当作宠物养，其实古代也是如此。比如唐代的杨贵妃就养了一只宠物狗。有一次，杨贵妃抱着宠物狗观看唐明皇和一位亲王下围棋，眼看皇帝就要输棋了，杨贵妃灵机一动，让怀里的小狗跳上棋盘，搅乱了棋局。亲王很是懊丧，皇帝则心中大喜。这就是杨贵妃以狗乱棋局的故事。

人类的生活离不开猪

有俗语说，六畜猪为宝，四时春最早。六畜在饲养历史上排在第二位的就是猪了。河南舞阳贾湖遗址出土了距今 9000 年左右的家猪骨骼，证明最晚在 9000 年前人们就饲养猪了。

请注意，我用了“最晚”两个字，这是因为贾湖遗址出土

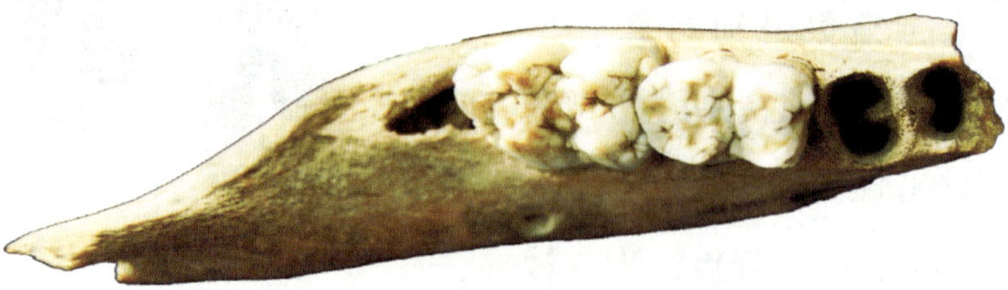

贾湖遗址出土的猪下颌骨

猪尊　商　湖南博物院藏

的猪骨已经有了较为明显的家猪的特征。要知道家猪和野猪的模样是不一样的：野猪有大獠牙、长嘴巴，前半身的肌肉特别发达，能占全身肌肉的70%；家猪则是后半身的肌肉发达，而且没有大獠牙。野猪经过人类的驯化，体形慢慢发生了变化，野猪变成现代家猪的样子，经历了漫长的过程。

你知道吗？对猪的驯化、饲养和选育，可是我国古代人民对世界的一大贡献。猪是人类肉食的稳定来源，猪肉能够帮助人们增强体质。在北京大学赛克勒考古与艺术博物馆举办的一个名为“与猪同行”的展览中，曾介绍亚洲各国养的猪基本都来自中国。还有一个事实是，元代时来中国旅行的意大利人马可·波罗，将我国浙江金华火腿的制作方法传到欧洲，成为欧洲火腿的起源。

此外，猪在祭祀、丧葬等领域也扮演着重要的角色。贾湖遗址的墓葬中就出现了猪下颌骨，在原始社会时期的许多遗址中，也都出现了将猪作为随葬品的现象。有专家认为，当时的人很可能把猪当作财产，所以死后要让它陪伴主人，这种习俗一直延续到商代。

在祭祀中，猪也是不可缺少的。考古人员在河南一处商城遗址中发掘到一条祭祀沟，里面有 300 余头猪的骨骼，大多还是完整的。商代时，人们祭祀祖先主要使用的就是猪，在屋子里供上猪，合家进行祭祀，“家”字就是这么来的，“宀”下面的“豕”，不就是猪吗？和“家”相近的字是“冢”，它是用猪随葬的写照。“家”“冢”这两个字都表明了人和猪的紧密关系。

人们还用玉石雕琢猪的形象。约 5000 年前，人们雕琢了一种著名的玉器——玉猪龙，上面就有一个非常形象的猪头；安徽马鞍山凌家滩遗址出土了一只距今 5500 年左右的玉猪，长 70 多厘米，重约 80 千克，是目前我国发现的最大的玉猪。古人用玉石雕琢猪，很可能是表达对猪的敬畏，说明猪在人们心中有着很高的地位。

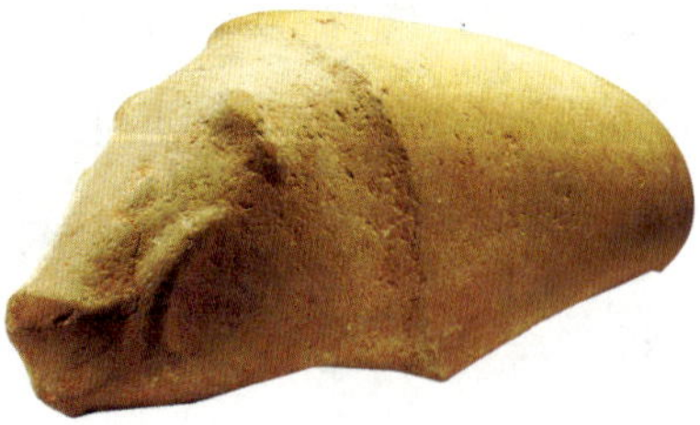

玉猪　新石器时代
安徽省文物考古研究所藏

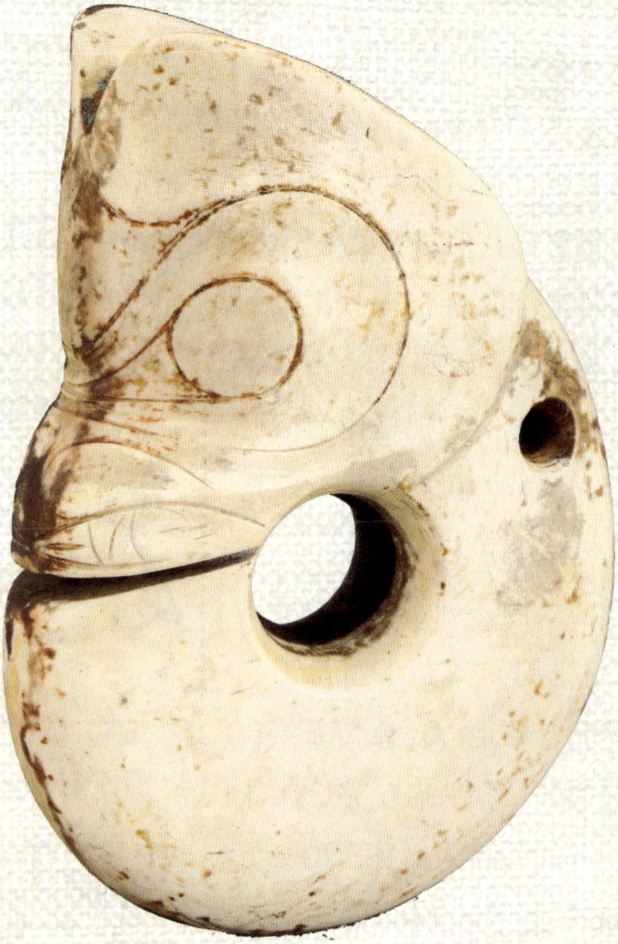

玉猪龙　新石器时代

辽宁省博物馆藏

全身都是宝

古人认为猪全身都是宝，养猪可以致富，将猪称为“乌金”。那么，猪身上都有哪些宝呢？给大家讲一个有味道的宝吧，那就是粪肥。30 多年前，我曾在农村起猪圈，也就是将猪圈里那厚厚的粪肥拉到田地里去。说实话，猪粪特别特别臭，有时让人感觉很恶心，但对农民来说，这绝对是宝贝啊！此外，猪皮、猪脖子上部的硬毛——猪鬃也都是宝贝，特别是猪鬃，还曾一度成为战略物资呢。

“肥猪旺福”邮票

“五福齐聚”邮票

在古代，人们还把猪作为招财进宝的吉祥象征。民间流传着“猪肥仓满”“猪入门，百福臻”等吉利的话语。人们还创作了“肥猪拱门”“金猪送财”等祈求富足美满的艺术品。有的地方还流传着给孩子制作猪形枕、猪头鞋、猪头帽子的习俗，寄托着家人对孩子的美好期盼。著名美术大师韩美林曾为 2019 年乙亥猪年设计了两枚生肖邮票，一枚为“肥猪旺福”，一枚为“五福齐聚”，表达了人们对美好生活的向往和对五福临门的祝愿。

六畜

“六畜”兴旺，人心所向（二）

现在开始说牛，先说在全国各地大都能看到的黄牛（青藏高原有牦牛，南方地区有水牛）。人们在甘肃发现了距今 5500 ~ 5000 年的黄牛遗骸，说明黄牛在我国作为家畜的历史不少于 5000 年。在距今大约 4500 年的时候，黄牛在中原地区出现了。几千年来，牛最重要的作用，也可以说是最大的贡献，是它的力量。看到这，你可能会问：牛最大的贡献难道不是给我们提供了牛肉吃吗？牛的力量怎么成了最重要的呢？这就需要学会从历史的角度看问题了。

为人类贡献力量的耕牛

我国是一个农业大国，历史上我们的祖祖辈辈都以种田为生。在《没有“耕耘”，哪有收获》一文中，我讲了在农业生产中耕耘是非常重要的，而耕地是一个特别需要力气的活。现在，农民可以借助各种机械来耕地，而在没有机械的时候，耕地就全靠人和牛了。

我见过人拉犁来耕地，既不能进行深耕，人还累得浑身出汗、双腿打战，一边拉着犁一边大口喘气。那牛拉犁就不一样了，牛的劲多大呀，可以进行深耕。你可千万别小看深耕，它能改良土壤，能去除一些杂草，从而提高土地的产量。再一个就是牛耕大大减轻了人的劳动量，使人们可以有时间从事其他的生产活动。另外，由于牛耕效率高，过去人拉犁要三天才能

牛尊　周　陕西历史博物馆藏

耕完的地，牛不用一天就耕完了，这样人们就可以大量开垦荒地，大大提高粮食的总产量，为人口的不断增长提供保障。

除了耕地，牛还可用于运输，用牛拉车运送各种东西。说到这，你明白我为什么讲牛对人最大的贡献是力量了吧。由于牛在农业生产中这么重要，因此牛成了农民的大宝贝，有些农户还把牛看成是重要的家庭成员。历史上有些朝代还制定了法律来保护耕牛，对偷耕牛、私自宰杀耕牛的人都要予以重罚。

俯首甘为孺子牛

除了耕地、拉车，牛在古代的祭祀大典中也发挥了重要作用。在4000多年前的遗址中就有用牛祭祀的实证。在商代，最高等级的祭祀叫“太牢”，必须有牛，如果没有牛，只有猪、羊，就只能叫“少牢”，降了等级。当时的甲骨文中多次记录了用牛祭祀的情况，这说明在古人的心目中，牛还有通神的灵气，绝对不可小看。

人们还总结出牛的一些优点，比如憨厚、忠诚、坚忍、肯吃苦、肯出力等，并且从牛的这些优点中进一步提炼出人的品质，比如鼓励大家要做为民服务的孺子牛、创新发展的拓荒牛、艰苦奋斗的老黄牛。我曾请人为我画了一幅名为“俯首甘为孺子牛”的国画，一直挂在房间里，以此勉励自己。

传递吉祥的羊

六畜中最有美好象征意义的就是羊了，若以文字举例，鲜、美、善、義（“义”字的繁体）、群、洋、羡、祥这些字中都少不了“羊”，而“祥”字和“羊”字在古文中更是相通的。

《说文解字》中记载：“羊，祥也。”所以“吉羊”就是“吉祥”。后来由于字形偏旁的增加，“羊”“祥”才演化成两个不同的字。在古代，新年时，有的人家有在门上悬挂羊头、鸡头的习俗，羊是“祥”，鸡是“吉”，表示人们祈求吉祥的意思。

古人在新年的时候还喜欢讲“三阳开泰”，也就是希望好运降临的意思，可是往往我们看到的文字则是“三羊开泰”，人们以谐音的方法用“羊”代替了“阳”。在名为“三阳开泰”的绘画中，也是三只羊在向人们传递着吉祥、福祉。

和牛一样，羊最早也出现在甘肃等西北地区，距今约5000年。羊和牛同时出现在了甲骨文中，都是象形字，都是以它

甲骨文“羊”

甲骨文“牛”

们头部的正面为字形的，字形中还都突出了它们那对角，简直就是牛头、羊头的写照。

羊和牛、猪一样，也是古代祭祀活动中的“牺牲”，此外，羊毛还被人们用作纺织的原料。我国古代纺织的原料分两种，一种是植物纤维，如棉、麻、葛；另一种是动物纤维，如蚕丝、羊毛、羽毛等。我在上中学的时候，若能穿上一件用羊毛织成的背心或者毛衣，那可是一件非常开心的事情。

知恩图报的羊

羊还有一点让人们津津乐道，那就是它们的感恩之心。你知道吗？小羊羔吃奶时都是跪着的，这本是它们的一种天性，但却给人们一种深深的启示，认为小羊羔的跪乳是为了报答母亲的哺乳之恩。人们还发现小乌鸦有衔食喂养母鸦的行为。

明代有一本儿童启蒙读物《增广贤文》，其中就有“羊有跪乳之恩，鸦有反哺之义”的语句，以动物喻人，强调了子女对父母要有感恩尽孝的心，要懂得孝顺父母，强调孝为德之本，永远不可忘。你一定听过“饮水思源”这个成语吧，它就是中华民族传统美德中的“知恩图报”，告诉人们得到恩惠要想着报答，对于父母的养育之恩，更要报答。

羊羔跪乳的行为深深打动着古人，所以他们制作了许多以跪伏着的羊为题材的艺术品。以下页这件青瓷羊为例，它的四

青瓷羊形烛台　东晋　中国国家博物馆藏

肢跪伏在地上，挺直了脖子微抬着头，那抿着的小嘴似乎在吸吮母亲的乳汁，是不是非常可爱呀？这件青瓷羊其实是一件烛台，羊的头顶有一个小圆孔，用来安插蜡烛。这种烛台古人基本会天天用，天天看，既实用，又起到了一定的警醒作用。

惩恶扬善的独角兽

此外，古人还创造了一只神羊呢，就像创造龙、凤一样，人们希望它可以惩恶扬善。这只神羊的大名叫獬豸（xiè zhì），小名叫独角兽。传说在四五千年前的时候，尧是部落联盟首领，尧的部下有一位专管审判的官叫皋陶（gāo yáo），皋陶一心保护好人，惩办坏人。他审案的时候有一个跟别人不一样的做法，每当遇到疑案，实在分不清谁是坏人、谁是好人的时候，皋陶就请长着一只角的神羊来帮忙，神羊来到大堂以后，如果谁有罪，它就用角去顶谁，没有罪的人它可不会去顶，每次都不会顶错。这样一来，皋陶判的案子就会清清楚楚，不会冤枉好人了。

随着时间的推移，独角兽的传说也越来越多，人们赋予它的本领也越来越大。在2000多年前的时候，传说独角兽被养在皇宫里，如果发现了坏人，就会用角把他给顶倒，然后将他吃进肚子里。有人说，独角兽不单在皇宫和审判的大堂上能分辨好人和坏人，如果有人在大街上打架，独角兽也会来管，会用角把理亏的人给顶开。当然了，这些都是传说，不过这也表

獬豸　南北朝　陕西历史博物馆藏

达了人们对惩恶扬善的一种美好期盼。

古代还有一个非常有趣的现象，每个衙门的墙上都画着一只大大的独角兽。这是为什么呢？这里有两个含义：一个是为了警告来打官司的人，特别是那些干了坏事的人，让他们赶快坦白认罪；另一个是把衙门塑造成伸张正义、保护好人、惩办坏人的公堂，这不免有些自吹自擂了。另外，衙门里审案的官员戴的帽子也有点像独角兽，上面有一个向前伸的角，人们把这种帽子叫“獬豸冠”。人们只要在大堂上看到戴獬豸冠的人，就知道他是法官。到 600 多年前的时候，司法官员的衣服上也绣了獬豸。看来，獬豸成了司法的象征呀。

獬豸冠

六畜

“六畜”兴旺，人心所向（三）

接下来我想问你一个问题。我国以六畜为题材创作的艺术品中，你知道出现最多的是哪种动物吗？

答案是马。不过以马为题材的文物出现得比较晚，我在中国历史博物馆（今中国国家博物馆）做讲解员的时候，讲到过西周的一件青铜小马驹，是中国最早以马为形象的艺术品。这同古人饲养马比较晚有一定的关系。在距今3700年左右，家马才在我国西北地区出现。

马善于奔跑，又相当有力量，人们最初使用马来拉车，马成了重要的交通工具。由于汉代以前的车，只有一个车辕贯通在车正中的位置，所以拉车要用双数的马配置在车辕左右，一般都是两匹马，也有四匹马的，周天子的车则是六匹马，称为“天子驾六”。

当年驾驭马车可是个技术活，驾驶人员必须经过培训后才能上岗。如果可以穿越时空，你来到了西周的一所学校上课，那么你必定要学一门叫“御”的课，就是教你如何驾驭马车。

战场上的必备“武器”

自春秋开始，战争的规模越来越大，马拉的战车在战场上起着越来越重要的作用。在《“较”原是车的把手》一文中，就介绍了马拉的战车。当时哪个国家战车多，哪个国家往往就更加强盛，还有“千乘之国”“万乘之国”的说法。

战国时期，骑兵渐渐兴起，对马的需求就更多了，对马的

“盠”驹尊　西周
中国国家博物馆藏

要求也更高了。但在客观上讲，不同的马之间是有很大差别的，谁都想要良马，那什么才是良马呢？有标准吗？在秦穆公时，就真出了一个叫伯乐的相马专家，他在长久观察、实践的基础上，将马按品种、体形和毛色进行分类，依照马各个部位的形状、大小和比例，总结出良马应具备的基本特征。

相传有一匹拉车都很吃力的瘦马，伯乐一看，认定这是良马，可其他人纷纷摇头不认可，然而经过细心喂养，这匹瘦马竟然成了一匹千里马。就这样，伯乐相马的故事广泛流传，人们还将这个故事升华为要用伯乐的眼光去发现人才。那些善于发现人的才干、善于调动人积极性的人，也被誉为“伯乐”了。

中原地区的马大多身体比较矮、四肢较短、脖子较粗、双耳较大，整体而言，马的品种不够好，因此，汉代早年的骑兵在同匈奴骑兵作战时总是处于下风，于是皇帝就下令不断修长城，用以抵御匈奴骑兵。为了改变与匈奴作战的不利局面，汉武帝决心引进良马，发展骑兵。他先是引进了西域乌孙国（今新疆地区）的几千匹良马，后又听说大宛（yuān）国（古代中亚国名）的马比乌孙国的马还好，就派使臣带上重金到大宛国求良马。几经努力，大宛国的良马也被引进到了中原。汉武帝利用引进的良马，训练了精锐的骑兵，在将领卫青、霍去病的率领下打败匈奴，解除了匈奴的威胁，使得北方地区得到了长时间的安定。

有的良马被誉为天马，能日行千里。1969 年，在甘肃武威

铜奔马　东汉
甘肃省博物馆藏

出土了一件东汉的铜奔马，正是当年天马的写照。这匹马四肢修长、胸部宽厚、头部较小、颈长而弯曲，显得非常矫健、俊美。你看，它的尾巴高高扬起，三足腾空，正向前飞奔，一足踏在了一只飞鸟身上。我国著名的考古学家和文学家郭沫若先生在第一次看到它的时候，连声说："太好了，太美了，真有气魄。"他还说："我到过很多国家，看到过很多马的雕像，那些雕像最古的也只有几百年，从未见过超过1000年的。而我们的祖先却在将近2000年前就制造出这样生动绝妙的铜像，无论从艺术构思的巧妙、工艺技术水平的高超，还是从结构力学角度来说，都达到了前所未有的水平，是我们民族的骄傲。"这件铜奔马迅速在世界上走红。1983年，国家旅游局将其确定为中国旅游标志。

马是非常聪明的动物，经过精心训练，能同人建立起亲密的关系，并且能按照人的要求去完成一些动作。在战场上，马能根据口令或保持安静，或奋勇冲锋；在赛马场上，马能根据骑手的口令、动作，或跨越，或奔驰。

会跳舞的马

你知道吗，马还会跳舞呢。据记载，最迟在三国时期，我国就训练马跳舞了，而唐玄宗时期训练的舞马演技最高，数量也最多。

有一件唐代的银壶，就生动形象地刻画了跳舞的马给皇帝祝寿的情景：在皇帝生日的那天，马听着舞曲，踏着节拍，跳出各种舞姿。舞蹈结束后，马便叼起一只盛满酒的酒杯，跪坐在地上，慢慢前行，这好比人跪着一点一点往前走，而且头还不能抬起来，必须向下垂，以表示对皇帝的尊重。当年像这样会跳舞的马多达百匹。

鎏金舞马衔杯纹银壶　唐　陕西历史博物馆藏

在这还要强调的是，世界各国对马都非常重视，尤其是对名贵的马。有些良马,还可以作为国礼进行赠送。新中国成立后，曾有 6 个国家的领导人，先后 8 次送给我国领导人 13 匹良马，其中土库曼斯坦总统就曾 3 次向我国领导人赠送珍贵的“汗血宝马”。

同前面讲过的家畜一样，马也有多重美好的寓意，在中国文化中，马代表积极向上、勇往直前的精神，诸如一马当先、马到成功、万马奔腾、马不停蹄等，都是人们喜闻乐见，用以激励祝愿的成语。

古代的报时工具

六畜中鸡是唯一的禽类，而且还是十二生肖中唯一的禽类。要说禽类，那也是个大家族呢，常见的除鸡外还有鸭、鹅、鹌鹑、鸽子、鹰等。那为什么只有鸡进入六畜和十二生肖呢？这应该同鸡被古人视为“德禽”有很大关系。一个“德”字体现出多么强烈的认可啊！鸡为什么能获此殊荣呢？我们还是要学会用发展的眼光看问题。

说到鸡，大家首先想到的应该是它们的肉和蛋。在现代的养鸡场内，鸡住在整齐的鸡舍内，吃着精心配比的饲料，然而古代的鸡可没有这种待遇，人们只要给它们搭个窝就是“家”了，而且它们还得自己出去觅食。过去的农户，家家都会养几只鸡，等到它们下蛋了，人们就会用那些蛋去换取一些油、盐、酱、醋等。如果大家只把目光停留在鸡肉和鸡蛋上，那么鸡在古今的作用似乎没有什么不同，而事实上，鸡在古代最大的作用，应该是公鸡的报晓。

今天我们有各种非常便利的报时器具，但古代是极其缺少报时、计时工具的，于是公鸡在早晨准时打鸣的习惯，对人们来说非常重要。无论是酷暑寒冬，还是阴晴雨雪，公鸡报晓意

绿釉陶鸡　东汉
山东博物馆藏

味着人们要开始新一天的劳作。关于公鸡报晓还有个著名的历史故事。齐国的孟尝君在秦国被扣留，他设法逃到函谷关的时候，天还没有亮，城门紧闭。由于当时守城门的人每天听到鸡叫就会开城门，于是孟尝君的一个门徒在半夜装鸡叫，引得周围的公鸡也跟着叫，顺利地骗守城门的人打开了城门，使孟尝君等人成功逃回齐国。

农民更是有着“鸡鸣则起，日落而息”的生活方式。《诗经》中还有这样的诗句：“女曰鸡鸣，士曰昧旦。”意思是妻子说鸡都打鸣了，赶快起来吧，可躺在床上的丈夫却说，天还没亮，想多睡一会。这句诗说明，早在2000多年前，人们就把公鸡的啼叫作为一天的开始了。后来，人们认为雄鸡报晓有除旧迎新之意，便将一日之始上升为一年之首，将正月初一定为“鸡日”。

辟邪、送吉祥的“德禽”

在西汉时，人们赋予鸡“德禽”的美誉，称鸡有“五德”：“头戴冠者，文也；足搏距者，武也；敌在前敢斗者，勇也；见食相呼者，仁也；守夜不失时者，信也。”小小一只鸡，竟有这么多美德。这实际上是人们基于儒家传统观念形成的一种精神寄托。

由于鸡是一种“德禽”，因此古人还赋予它很多民俗文化的内涵。鸡能捉食蝎子、蜈蚣以及很多种昆虫，而在古人眼中，蝎子、蛇、蜈蚣、壁虎、蟾蜍是五种毒害，于是人们将鸡视为“五毒”的克星，认为鸡能驱赶虫害，镇宅保平安。过年过节时，人们会在门上贴“鸡画”来辟邪。另外，“鸡”和“吉”谐音，人们常常用鸡来表达“大吉大利”“吉祥安宁”等美好期盼。

你听过“闻鸡起舞”的故事吗？它讲的是西晋名将祖逖（tì）年轻时立志为国家效力，半夜听到野外的鸡叫，便起床舞剑，刻苦练武的故事。后来不少人以闻鸡起舞的故事自勉，鸡还有了励志的色彩。

看到这里，你有没有发现和前面讲的5种家畜相比，我还没有讲家鸡出现的时间，这是为什么呢？因为关于这个问题有不同的说法。有专家说我国是世界上最早养鸡的国家，已有七八千年的历史，在河北武安磁山、河南新郑裴李岗等新石器时代遗址，都有鸡骨骼出土。但也有专家认为，通过对上述遗址出土的鸡骨骼进行 DNA 数据分析，还不能确定是家鸡，他们认定在河南安阳殷墟遗址出土的鸡头骨，才真正是家鸡的骨头，按这种观点，至少在大约 3300 年前，我国就有了家鸡。关于家鸡起源的确切时间，还是一个需要继续探究的问题。

六畜的故事就要告一段落了，最后我想说的是，六畜是人类的朋友，它们在中国传统文化中一直扮演着重要角色，对人们的精神世界的形成一直都发挥着重要作用，我们在肯定它们为人类做出贡献的同时，还必须实实在在地爱护它们，爱护我们的朋友。

属相

你是什么“属相”

属相是生肖的俗称，生活中我们经常会遇到询问属相的事，人们以此来判断年龄，有时双方的属相相同，还能立即拉近感情。由于每人只能有一个属相，所以关于属相还有一个有趣的谜语呢。

50 年前，日本首相来中国访问时，曾当面给周恩来总理出了一个谜语：“全国 12 个，人人有一个。”周总理听后哈哈大笑，立即告诉他是“十二生肖”。看到这篇文章之前，如果你听到这个谜语，能正确说出谜底吗？不论以前如何，我敢说，在今后的生活中，你一定会不止一次地遇到和属相有关的问题。快来和我一起学习与属相有关的知识吧！

天干地支

你知道属相为什么是 12 个吗？属相是在什么时候出现的呢？那 12 种动物又是怎么成为属相的呢？让我来一一告诉你。属相之所以是 12 个，是因为它们同我国的地支紧密相关。现在咱们说纪年都是讲公元某某年，讲具体的年月日都是某年某月某日，比如 1949 年 10 月 1 日。但是在古代却不这么说，古代使用的是干支纪年法，干支的全称是天干地支。

天干

1	2	3	4	5	6	7	8	9	10
甲	乙	丙	丁	戊	己	庚	辛	壬	癸

地支

1	2	3	4	5	6	7	8	9	10	11	12
子	丑	寅	卯	辰	巳	午	未	申	酉	戌	亥

这是完整的干支表，从表中可以看到，天干是甲、乙、丙、丁、戊、己、庚、辛、壬（rén）、癸（guǐ），共 10 个；地支是子、丑、寅、卯、辰、巳（sì）、午、未、申、酉（yǒu）、戌、亥（hài），共 12 个。将天干和地支一一搭配，到癸酉时 10 个天干都搭配

完了，而地支还有戌、亥没有搭配，于是天干的甲、乙又和地支的戌、亥开始搭配，如此循环下去，到癸亥时刚好就是60。从61开始又是甲子，你听说过“六十花甲子”吗？它说的就是以干支纪年，60年为一个循环。河南安阳殷墟遗址曾出土一片刻有完整干支的牛肩胛骨，铭文记录了我国已知最早的“干支表”，说明最晚在商代，我国就有了天干地支。

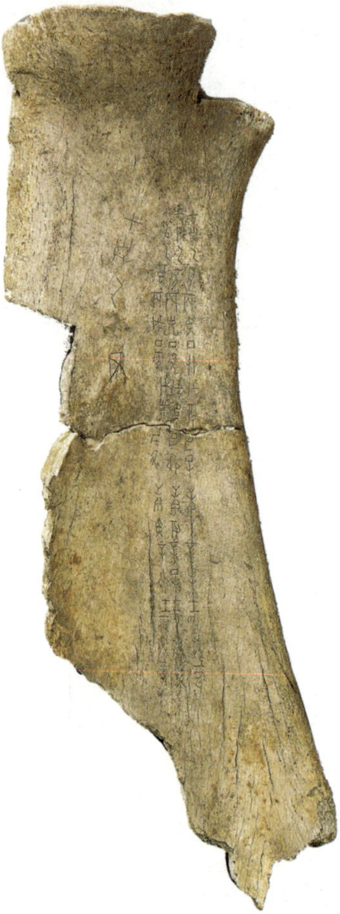

刻“干支表”牛骨　商
中国国家博物馆藏

有了天干地支，古代的年月日就有了一个天干地支的名号，这同我们今天用阿拉伯数字表示年月日是一个道理，因此，历史上每个事件发生的日期基本都是用干支纪年法进行记录。例如，有一件叫“利簋”的器皿，上面有“武征商，唯甲子朝”等铭文，说的是周武王灭商发生在甲子日的早上。

利簋铭文

利簋　西周

中国国家博物馆藏

这个甲子日到底是哪一天呢？科学家按照古人干支纪年的方法进行推算，推算出这个甲子日是公元前1046年的二月初五。

地支和属相紧密相连

现在我们知道了什么是干支，接下来要说的是干支和属相的关系。干支中和属相相关的是12个地支，而不是10个天干，你知道这是为什么吗？1975年12月，在湖北孝感出土的秦国竹简中，有与十二生肖相关的内容:“子，鼠也……丑，牛也……”这说明战国时期地支就已和属相相连了。至于为什么相连的是12个地支，这很可能与古人的时间观念有关。

我们的祖先既勤劳又聪明，他们为了过上好日子，非常注重观察大自然的各种变化，总结出了许多规律，其中就有和时间、历法有关的规律。例如，他们发现地上的草每到冬天就枯萎了，而到春天就变绿了，就以草的一枯一绿为一岁。正如白居易诗中所写的：“离离原上草，一岁一枯荣。”他们还发现月亮的圆缺也与一岁有关系，12次圆月正好是一岁，这样一年就被分为了12个月，一日也被分为12个时辰，时间的分割就以12为进制了。而12个时辰的名字用的正是地支，即子时、丑时、寅时、卯时……深夜11点到凌晨1点是子时，而中午11点到下午1点则是午时。有时你可能会听到老人们说“要睡子午觉”，说的就是中午最好能够躺下休息一会，最晚夜里

11 点以前就该上床睡觉了。

古人为了便于记忆和口述，也为了增加诗情画意，还给每个月配上一种花，每个时辰配上一种动物，比如正月水仙花、二月杏花、三月桃花，子时鼠、丑时牛、寅时虎。前面讲了，古人纪年用的也是地支，和时辰相配的动物自然而然也就和纪年产生了关联，这也就有了十二生肖。我们常常听到有人说是虎年出生的，有人说是兔年出生的。如果有人是某一年的年末出生的，如狗年末、兔年末，人们会说他是个小狗尾巴、小兔尾巴，让人感到非常亲切温馨。

子鼠搭配有一套

至于十二生肖为什么要选这 12 种动物，而且还是由老鼠打头，由猪结尾，历史上没有明确的记载，于是后来就衍生出了各种不同的说法，在这里不可能把各种说法都罗列出来，仅举一个小例子吧。

有人说，“子”字在小篆中的写法就像一个被包裹在襁褓中的婴儿，指人的出生状态，寓意开始、启航，所以子是地支的第一位。用于记录时间的“子时”，指深夜 11 点至凌晨 1 点，正是前一天和后一天的更替之时，这时候也正是老鼠最活跃的时候。它们趁人们都睡下了，到处找食物吃。这样一来，子和鼠就搭配在一起了，老鼠也就在十二生肖里打头了。这种说法，

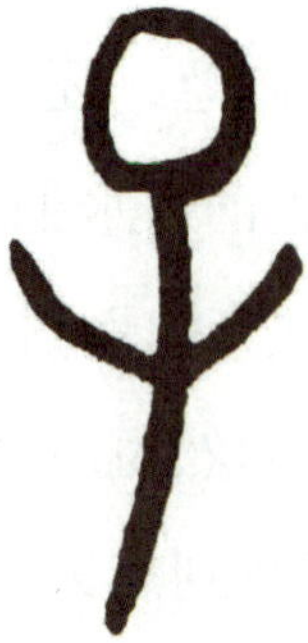

小篆“子”

你觉得有道理吗？

还想告诉你一点的是，古人对十二生肖非常重视，因此他们创造了许多和十二生肖有关的艺术品，有的还将十二生肖人格化了。在中国国家博物馆就藏有一套唐代的十二生肖俑。它们都被塑造成了人的身躯，一个个都穿着交领宽袖长袍，双手插在袖子里做拱手状，一副知书达理、文质彬彬的样子，你也可以说它们一个个都“萌萌的”。从这些俑残存的颜色看，它们穿的都是红袍，表示都有相当高的身份地位。博物馆专家把它们这么排列起来，就好像动物们在进行朝拜或者举行一种盛大的典礼，看起来妙趣横生。你仔细看一看，会发现每一个俑的神态都不一样，它们准确地展现出每种动物的特征，所以每一个看到它们的人，都会很容易地辨认出它们是谁，你能辨认出它们吗？

还有一套十二生肖像，让咱们国人又高兴又气愤，这是怎么回事呢？

十二生肖俑　唐　中国国家博物馆藏

原来，在世界闻名的圆明园内，清代的乾隆皇帝修筑了一座西洋建筑“海晏堂”，并在海晏堂前建了一个大型人工喷泉，在池边呈“八”字形排列着十二生肖兽首人身铜像，每昼夜它们依次喷水一个时辰，正午时刻，它们一齐喷水，俗称“水力钟”。12 个铜像由宫廷匠师精心制作，一个个栩栩如生，展现出极高的艺术水平。然而，令人气愤的是，1860 年英法联军劫掠圆明园，十二生肖兽首铜像从此流失海外。直到 2000 年，流失海外的牛首、猴首、虎首，出现在香港的一次拍卖会上，中国的国资企业保利集团果断出手，将它们购回。后来或是外国友人，或是港澳知名爱国企业家出资，将兔首、鼠首、马首、猪首购得后，无偿捐赠给国家。但至今还有 5 个铜像下落不明。侵略者对中华民族犯下的罪行，我们永远也不能忘记。

1980 年，我国还首次发行了生肖纪念邮票，至今已经发行了 4 轮。我还收藏了整版的生肖龙的邮票，因为我是属龙的。你是属什么的呢？

鼠首

猪首

马首

兔首

宝贝

来自大海的“宝贝”

我们很多小读者，都被爸爸妈妈或者亲友叫过“宝贝”，你一定也有这种经历吧？生活中的一些贵重物品，也常被人称为“宝贝”。可是在今天很多人的眼里，“贝”是一种很常见甚至是很普通的海产品，它为什么能和“宝”联系在一起呢？这就涉及我国货币的起源了。

最早的实物货币

你平时买书、买笔、买玩具什么的，都要用钱。可是，在4000多年前的时候，人们还不知道什么是钱，那时人们之间的交换都是以物换物。刚开始时，数量也不多，很难说谁赔谁赚，反正换回来的物品都是自己需要的。

随着生产的发展，需要交换的物品越来越多，问题也跟着来了。比如一个人抱来了3只鸡，另一个人拿来了2个陶罐，

这鸡怎么换陶罐才合适呢？这时，人们想出一个好办法，找一种大家都认为合适的物品作为交换的标准物，就假定是羊吧，通过商量，人们规定 1 只羊可以换 5 个陶罐，也可以换 10 只鸡，还可以换一小堆稻米……于是，2 只鸡就可以换 1 个陶罐了。

老的问题解决了，新的问题又来了。各地交易的标准物不一样，有的地方是羊，有的地方是猪，还有的地方是兽皮或者丝织品，所以，不同的地方交易起来还是很麻烦。再者说，不论是牛羊，还是猪狗，大小也不一样，也不能按一个标准来交换。人们多么需要一种各地都认可的物品作为交换的标准物呀！

后来，人们终于找到了这种物品，它就是产自南海的海贝。因为这种海贝的腹部有开口，很像一排排牙齿，所以人们叫它“齿贝”，它也是当年人们使用最多的一种海贝。

古人为什么选择海贝作为交换标准物呢？首先，当时人们大多居住在今天河南、陕西、山东、河北这些距离南海较远的地方，很难得到海贝，所以海贝就显得很珍贵了。其次，海贝个头很小，携带很方便，又很好看，很让人喜爱，有些人还把它穿起来做装饰品。最后，海贝比较坚硬，耐磨损，可以多次用于交换。因此，海贝成了大家都认同的交换标准物，也就是最早的实物货币。

变成货币的海贝身价倍增。在3500多年前的甲骨文中就多次出现商代国王

海贝货币

把海贝赏赐给臣子的记载，那时叫“赐贝”，是一种极高的荣誉。一些有钱有势的人死去后，他们的墓中也要放进许多贝，意味着他们想永远占有这些财富。例如，妇好墓中就有6800多枚贝币。

“宝”字的起源

由于贝这么重要，它便成了“宝”字的组成部分。今天写的“宝”字是简化字，甲骨文中的“宝”字写作“”。这个字由三部分组成：“”代表房屋，下面那个“王”字是用绳

子穿起来的三片玉石,另一部分就是海贝的象形文字。这个“宝”字的意思就是家里藏着贝和玉，因为玉也是非常珍稀的物品，所以“玉”和“贝”构成了“宝”。

现在的“宝”字只有“玉”，没有“贝”了，这是因为在今天，贝已不是什么珍稀之物了。时代发展了，字的含义也随之有了变化。“贝”字虽然不是简化的“宝”字的组成部分了，可许多与价值有关的汉字都少不了“贝”字,如财、资、贵、贱、费等。翻翻字典，你能再列举几个与“贝”有关的汉字吗?

随着贸易的发展，贝的需求量越来越大，天然海贝供不应求，人们便依照海贝的样子用铜、石、玉、骨等材料，制作了各种仿制的贝,其中的铜贝就成了我国最早的金属币。渐渐地，铜铸的钱币完全代替了海贝，而且铜钱的种类也越来越多。

筵席

“筵”和“席”有粗细之分

现在人们往往将参加一些盛大的聚餐称为“去吃筵席”。然而你知道吗，“筵”和“席”并不是食物，而是大小、粗细不同的两种席。那么，筵席为什么成了宴会的代名词呢？这就要从 2000 年前甚至 3000 年前，我国的家具和人们吃饭的习俗讲起了。

席地而坐

在那遥远的年代，人们建造了居住的房屋，可是屋内没有我们今天家中常见的床、桌、椅、凳等家具，人们吃饭、睡觉、读书、交谈都在地上。为了保持洁净和防止潮湿，人们便在地面上铺兽皮或者干了的植物枝叶，但最普遍的还是铺席子，于

圆雕玉人像　商　中国社会科学院考古研究所藏

是就有了“席地而坐”的说法。

作为学生，如果我们也能到春秋时期孔子的学堂中上一课，那大家就必定是要坐在席子上听孔老夫子讲课了。席子堪称最早的家具。说到坐，古人的坐法是先将双膝着席，脚掌向上，然后将臀贴坐在双脚脚跟上。这姿态和商代妇好墓出土的这件玉人像是完全相同的。

看到这，有的同学可能会问：“这是不是下跪呀？”古代的坐和跪确实有点相似，但不同的是跪的时候臀是不能坐在双脚脚跟上的，腰身要挺直。古代

将跪称为“跽（jì）”。

你发现了吗，现在有一些文章写文物中的人物呈这种坐姿时，会用“跽坐”一词。但这是错误的！因为“跽”和“坐”是两种截然不同的姿势，这两个字不能连在一起用，绝不能用“跽”来描述坐姿，大家以后千万不要犯这个错误哟！

筵和席有什么区别

筵比较粗糙，面积比较大，室内地面要先用它来铺满，然后人们根据需要再随时在筵上加铺席。席的面积小，编织得更精细。如果请客人来家里吃饭，主人不仅要在筵上加席，还要在每人面前摆放几、案（战国时代才有了几、案）。几可以供人的胳膊凭倚，使体态略微放松，更显舒适。案上要摆放耳杯、盘子、筷子、勺子等食器。

在正式的宴会上，饮食分为饭、膳（shàn）、羞、饮 4 个部分。饭就是我们说的主食，大多放在簋中；膳则是用肉烹制的主菜，放在鼎中；羞指豆酱或腌制的小菜，放在豆中，豆像今天的盘子，但有个细高的足，便于人们取用豆中的食物；饮则是酒或者米汤等饮料。非常有趣的是，当时是分餐制，食品、饮料都是放到自己面前案上的盘子和耳杯中。从饮食卫生上看，我们祖先的这一做法实在值得称道，你要不要给他们点个赞呀？

湖南长沙马王堆 1 号墓中就出土了一件保存非常完好的木

胎漆案，案面长 78 厘米，宽 48 厘米，上面放置着 5 个漆盘、1 个漆耳杯、1 双竹筷和 2 个漆卮（zhī，盛酒的器皿），这是一套典型的贵族个人餐具，一般人家使用的餐具可不会这么豪华。

当时还有个规矩，为了防止人们把鞋底的泥土带到筵席上，保持筵席的整洁，在室内是不准穿鞋的，人们进屋前都要把鞋子脱下放到门外。

马王堆 1 号墓中出土的漆案和餐具

我国什么时候才有席

由于编席的材料是芦苇、竹篾等，所以席不像石器、陶器那样耐腐蚀，很不容易被保存下来，相关考古发现并不多。考古人员在浙江余姚井头山遗址中发现的距今 8000 多年的席，是目前所知最早的席，经检测它是用芦苇编织成的。此外，在浙江跨湖桥遗址、河姆渡遗址中，考古人员发现了距今7000多年的席的残片。

在陕西西安半坡遗址出土的一件陶钵的底部，考古人员发现了清晰的席纹。这应该是陶钵在制成陶坯后，被放在了席子上，那时坯体还比较软，席的纹路就印在上面了，当陶坯经高温烧成陶器后，席纹也就永久留在了上面。这好比今天我们蒸馒头，馒头的底部会有蒸笼屉的纹样。所以，这陶钵底部的席纹，就成了半坡人编织席的佐证。

井头山遗址中发现的席

半坡遗址出土的有席纹的陶钵

镇压

坐得舒服靠“镇”压

现在我们说到“镇压”这个词，大家往往从压制、制裁的角度去理解，但你知道吗，它的本义可不是这样的。“镇压”这个词是由“镇”衍生出来的。在古代，几乎所有官府、家庭都要使用“镇”，那“镇”究竟是什么呢？

这只漂亮的石雕小豹子就是一件“镇”，文物专家称它为“石豹镇”。它长 23.5 厘米，宽 13 厘米，高 14.5 厘米，大小和一个大饭盒差不多，重量达 1.2 千克，是西汉时期的。就你的历史知识和生活经验来看，你认为这只石豹子适合做什么用呢？我再给你一个小提示：2000 多年前的时候，往往是 4 个这样的石豹子一起使用。有答案了吗？接下来就看看你想得对不对吧。

石豹镇　西汉　徐州博物馆藏

“席地而坐”需要“镇”

隋唐以前，人们的室内家具种类很少，即使是比较讲究的房间里，也不过是放置矮床、几案、屏风等家具。像今天咱们使用的桌子、椅子、凳子等，那时还都没有，人们要想坐下来看书，就只能坐在地上。为了能坐得舒适一点，人们就在自己要坐的地面上、床上以及长方形的榻（一种坐具，长度和现代的婴儿床差不多，约 80 厘米）上，铺上席子。在《“筵”和“席”有粗细之分》一文中，我们介绍了古人“席地而坐”用的两种席。为了避免落座或起身时折卷席角，人们便在每个席角上压一个“镇”。原来，这镇是压席子用的，你想对了吗？

我们现在能够看到的镇有石头的，也有金属的，有些铜镇还进行鎏金或者镶嵌金银丝，制造得非常漂亮。江苏还出土过一件西汉时期用黄金制造的豹镇，重量达9千克，是目前所知最贵重的镇了。

千姿百态的“镇”

从各地发现的汉镇看，大多数镇都被做成动物的形状，常见的有虎、豹、羊、鹿、熊、龟等，用虎、豹等动物形象做镇可能含有辟邪去恶的用意，羊、鹿、熊在当时都是象征吉祥的动物，龟则象征长寿。这样一来，物品的实用性和装饰性以及人们的美好愿望都被巧妙结合在一起了，这也是我们祖先聪明才智的一个具体表现。为了避免挂到衣物，镇的外形都接近扁圆，所以动物都呈趴卧的姿态。一般来说，镇高10厘米左右，重1千克左右。

现在，让我们再来好好欣赏一下前文提到的石豹镇吧。这只豹子是用青灰色大理石雕成的，它侧身卧在地面上，头部微微抬起，两只睁圆的大眼睛使劲看着前方，两只耳朵也竖了起来，好像是听到了什么动静。它的脸部四周有一圈很密实的鬣毛，显得非常威武。由于是侧卧，所以它的4只爪子都在一侧，都是那么健壮有力。这件石豹镇线条简练、生动传神，表现了

相当成熟的圆雕技艺。

请你注意观察它的脖子，上面有一条宽宽的项圈，项圈上还有系绳子的钮，这说明什么呢？这说明它不是一只野生的豹子，而是家里驯养的。请你再注意看那条项圈，上面有一个又一个的凸起物，你知道那是什么吗？原来那是曾经作为货币使用过的海贝。这种有海贝装饰的条带叫作“贝带”，这只豹子戴着贝带，表明它不仅不是野豹，而且已经成为主人的宠物。也许你要问，人们干吗在家里养豹子呢？这是因为人们要用它作为狩猎时的助手，这种豹子就被称为“猎豹”。野豹子原本是很凶猛的，可是这只豹子看上去却有些温驯，这也正是艺术家的高明之处，因为他要表现的是一只经过驯养的豹子。

镇早在战国时代就已经出现了，但主要盛行于汉代。汉代以后，随着纸张的出现，镇又成了文房用具，形形色色的镇尺被摆上了书桌。我上小学写毛笔字时用的铜镇尺，一直保存到现在。

现代的镇尺

沐浴

“沐”“浴”原本各有分工

我们现在有时将洗澡说成沐浴，前者比较通俗，后者显得文雅，然而沐浴的本义和洗澡是有区别的。

请大家先看一下“沐”“浴”这两个字的甲骨文写法 :“沐”字是一个人用双手掬盆中的水洗头发的样子，而“浴”字则是一个人置身于器皿中，并在他的两边加上水滴。这清楚地表明古人将洗头发称为“沐”，将洗身体称为“浴”。

当然，那时候不仅沐、浴的含义不同，人们沐、浴时的用品也有区别。商周时期的贵族在沐时讲究往汤中加入潘汁。“汤”就是普通的热水，而“潘汁”则是煮热的淘洗高粱、小米的水。

这水中有一些碱性物质，更容易去除油污。古人的头发都留得很长，容易积累脏东西，用这种潘汁洗发可以将头发洗得更洁净一些，潘汁堪称我国最早的洗涤剂了。后来人们发现皂角树的果实——皂角也能去污，汉代以后人们便利用皂角来洗澡、洗衣服了。

甲骨文“沐”

我国在西周时就有了专门洗澡的屋子，名字叫湢（bì）。《礼记》中规定“不共湢浴”，就是说男女有别，不能共同在一个浴室中洗澡。湢有时也被称作浴室，《周礼》中就有“王之寝中有浴室”的记载。秦汉以后，人们就不再称浴室为湢了。1975 年在陕西咸阳的考古发掘中，人们发现了秦始皇咸阳宫里的御用高级浴室，室内地面用砖砌成漏斗状，有良好的排水功能，是目前我们所见的中国最早的浴室。福建武夷山的汉代闽越王城遗址中的浴室，还有暖气管道呢，令人啧啧称赞。

甲骨文“浴”

沐浴是一种文明的礼仪

沐浴原本只是为了清洗头发、身体，然而到商代的时候，人们把沐浴上升到使身体焕然一新的高度。沐浴不仅可以除去头发和肌体的污垢，还是一次重要的对灵魂的洗礼——身体上需要清洁，精神上也要弃旧图新。西周时人们更是把洁身净体纳入了“礼”的范畴，上升到了礼仪的高度。诸侯要在洗头、洗身体后去朝见天子，表示对天子的尊重。在进行祭神、祭祖等重大礼仪活动前，人们要把头发、身体都洗干净，以表示内心洁净虔诚。著名的思想家、教育家孔子就严格遵守这项规定，他一定会在沐浴后去见诸侯或者去祭祀祖先和神灵，所以《论语》中说“孔子沐浴而朝”。下图中的文物是铜器“虢季子白”盘，

“虢季子白”盘　西周　中国国家博物馆藏

是供虢国的子白在祭祀前洗浴用的。

周代的礼仪还有这样的规定：晚辈要每 3 天烧一次温水为父母洗一次头，每 5 天烧一次温水为父母洗一次身体。这里，沐浴有了尊老敬老的意义。现在很多志愿者都会到养老院去为老人洗脚，这就是当代尊老敬老的一种表现。

古代竟有洗澡假

由于沐浴成了一种行为规范、一种社会公德，因此在 2000 多年前的西汉时期，皇帝要每 5 天为官吏们放一天洗澡假，称

为“休沐”。原来当年很多官吏晚上是住在官署的，多日不得洗澡，身上难免会有异味，所以就有了洗澡假，官吏们要利用这一天在家洗澡、洗衣服。这是我国历史上第一次以洗澡为理由而设立假日。有意思的是，如果官吏的家离官署太远，一天来不及往返，还可以多休息一天，这算是路程假吧。

还有一点非常有趣，古人有时会在洗澡水中加入药物。屈原在《九歌·云中君》中说“浴兰汤兮沐芳”，可见当时人们已知道用兰草煎汤沐浴。考古工作者在一些西汉墓中发现，盛放洗澡用具的盒子或箱子里，还装着化妆品和经过加工的植物茎叶。把这些情况结合古书的记载进行研究，我们就可推断：当时的王公贵族为了达到治病保健、长生不老的目的，已经开始用药水洗澡了。他们在洗澡水中加进了有利于身体健康的药物，配合不同水温起到内病外治的效果，这可以说是2000多年前的“保健药浴”了。

人们将“沐浴”这个词语的语义引申开来，于是它便有了受润泽、沉浸等意思，继而就有了“沐浴在春风里”或“沐浴在阳光中”等推而广之的用法。

如意

痒痒挠和“如意”是“亲戚”吗

生活中你是不是也遇到过这种情况？觉得后背特别痒，可用自己的手又够不到发痒的部位，这时一个叫“痒痒挠”的小物件就派上了用场，你用它在后背挠一挠，好像就不痒了，浑身顿感舒服。“痒痒挠”是这个小物件的俗称，它真正的名字叫“爪杖”。在距今2000多年的时候，中国就有了爪杖，由于它可以代替人的手指和手臂搔抓解痒，达到“如人之意”的效果，从某种意义上说，可谓是“如意”的雏形。

大有讲究的如意

“如意”这个词呀，很符合人们追求美好的心愿，所以一种在爪杖基础上演变而成的工艺品进入了人们的生活，“如意”便成了这种工艺品的名称。它的长短和爪杖相近，但在造型上和爪杖的差别越来越大，所用原料更是越来越珍贵。在清代，

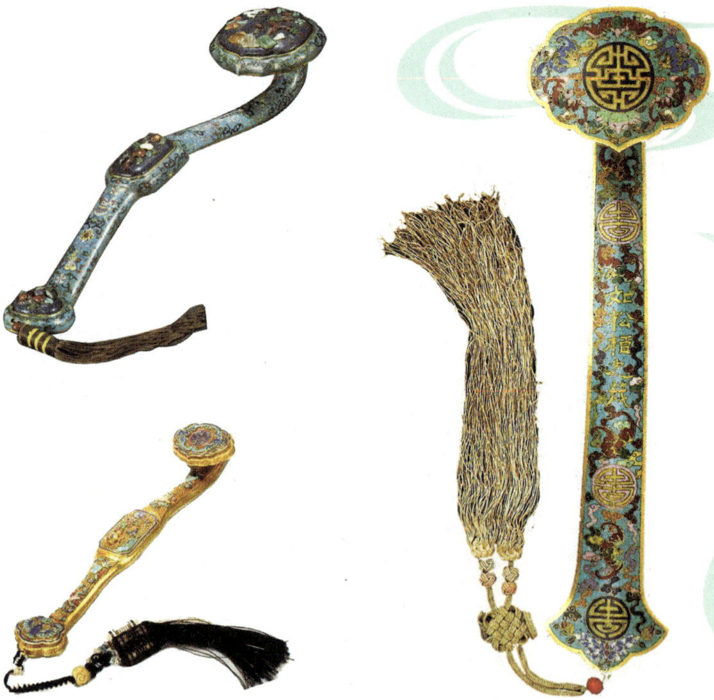

不同材质和形状的如意

特别是乾隆时期，如意的材质极尽奢华——黄金、宝石、珠玉、象牙、珐琅、紫檀等都成了制作如意的材料。除了材质，工匠们还要费尽心思在造型上体现更多的美好寓意，如意的首部（也叫头部）大多设计成灵芝形、莲花形、卷云状或蝙蝠形，因为它们都象征祥瑞。你知道吗，有的如意首部会有两个柿子的造型。因为“柿”和“事”同音，所以这种造型的如意就表示“事事如意”了。

清代中期的如意

不再挠痒痒的如意

这件如意是清代中期制作的，是当年皇宫中比较有代表性的用品，陈设在永寿宫中。它的长度有54厘米，先用名贵的红木雕成一个有高低起伏的底托，最高的部分为“首”，中间凸起的那一段叫“柄”，最下端叫“趾”。工匠们在红木托上密密实实地装饰了用多彩宝石雕成的花果，上面还有用黄金制作的古钱、番莲等花纹。你看清楚这件如意上都有什么植物了吗？在如意的首部和趾部有佛手、桃实（西王母的仙桃）、灵芝和石榴，这个组合象征多福多寿；如意的柄部有象征富贵的牡丹花。总之，这件如意材料珍贵、寓意美好、色泽艳丽、制作精湛，是一件惹人喜爱的艺术品。

就这样，如意成了人们赏玩的雅物、过年过节时祈福祝寿的瑞品、书房客厅中的陈设，自然不能再用来挠痒痒了。乾隆皇帝就有诗句写道："处处座之旁，率陈如意常。"意思是说，在宫中各处座位旁边往往都放置着如意，供人欣赏，让人感受美好的祝福。

因为如意有这些重要的用途，所以它自然就成了人们互相馈赠的贵重礼品之一。古时候，很多臣子都要选购各种精美的如意敬献给皇帝、皇后，以讨欢喜、求得功名。帝王们往往也将如意作为赏赐品赐给臣子，表示对臣子的恩宠。雍正皇帝就曾将一柄玉如意赏赐给军机大臣张廷玉，并说"愿尔往来事事如意"。

雍正皇帝手持如意图

“如意”不如意

历史上当然也有送了如意却并不如意的情况，最典型的事件就跟大贪官和珅有关。在乾隆皇帝晚年时，和珅向即将登基成为新皇帝的颙琰（yóng yǎn，即后来的嘉庆皇帝）进献了一柄玉如意，以示忠心，但颙琰早就对和珅的贪赃枉法深恶痛绝，可是碍于自己的父皇护着和珅，还不能对和珅采取什么行动，便对大臣们说：“你们以为如意能带来吉祥，我看未必。”一开始，大臣们还没弄懂这句话的真正含义。乾隆皇帝去世仅仅5天，嘉庆皇帝便将和珅逮捕，并很快将其抄家赐死，这时大臣们才明白嘉庆皇帝当初为什么讲那样的话。

祝你万事如意

由于如意是美好吉祥的象征物，“如意”二字也就成了人们喜欢用的词语了：大家常常会讲“吉祥如意”“万事如意”来表达对他人的美好祝愿；当有人喜结良缘、幸福美满时，人们则形容他们“称心如意”，或夸奖做丈夫的是“如意郎君”；而当有人为个人、为小团体的利益精心算计时，人们又会略带贬义地说他们是“打如意算盘”。你学会这些词语了吗？

环绕

圆形玉器来“环绕”

《让我们荡起双桨》是新中国第一部校园儿童故事片《祖国的花朵》的主题曲，这首歌在20世纪50年代红遍了华夏大地，直到现在，那优美的旋律、歌词，依然陪伴着我们。这首歌中有这样一句歌词：海面倒映着美丽的白塔，四周环绕着绿树红墙。其中的“环绕”一词很常见，但你知道它其实和我们古代称为“环”的圆形玉器密切相关吗？

我国古代有4种中间有孔的圆形玉器。由于中间的圆孔在整个玉器中所占比例不同，因而它们的名称和作用也大不一样。

名气最大的玉璧

古人规定“肉倍好谓之璧”，这是什么意思呢？原来古人将玉璧中孔的部分称为“好”,将玉璧的实体部分称为“肉”。“肉倍好”就是指玉璧实体部分的宽度是中间孔径的两倍。你知道吗？中国古代的铜钱也有“好”和“肉”呢。

在距今5000多年的时候，中国就有了玉璧，最初可能是

玉大璧　新石器时代　故宫博物院藏

用来佩戴的，因此个头都比较小。到距今4000多年的时候，玉璧成为祭天的礼器，还是权力、财富的象征，于是玉璧逐渐增大，直径多在20厘米左右，最大的玉璧直径能达到40厘米。后来，玉璧成为国与国、人与人交往时的重要馈赠物和一些身份比较高贵者的随身佩戴物。

说到玉璧，很容易让人想起“完璧归赵”的故事。战国时代的赵国国王得到了著名的和氏璧，强大的秦国的国王想占有和氏璧，就假意用15座城池换赵国的和氏璧。赵国的蔺相如带着和氏璧到了秦国，很快识破了秦国国王的阴谋，便有勇有谋地使和氏璧完整回到了赵国。

不少人在讲这个故事的时候，或者是画有关这个故事的图画时，会把和氏璧说成或者画成圆形玉璧，这是完全错误的！和氏璧虽然被称作璧，但它并不是圆形玉璧，而是一块较大的块状美玉。

能给人帮忙的玉瑗

玉瑗　战国
湖北省博物馆藏

如果将玉璧的孔径加大，使其实体部分的宽度和孔径的比例成为1:2，也就是完全颠倒了玉璧的“肉倍好”的比例，这种器物就有了新名称，叫“玉瑗”。有意思的是，它的名字是“瑗”，与“援”谐音，它的用途还真

有援助的意思。当有人需要他人帮助上台阶而又不方便直接用手去拉时，玉瑗就派上了用场。两人各抓握玉瑗的一端，一方用力就能把另一方拉上去，古人的聪明才智由此可见一斑。在考古发掘中，人们曾发现玉瑗出现在墓主人胳膊的位置，这说明它也是古人套在胳膊上的饰物。

玉环与玉玦，只差“一线天”

如果圆形玉的实体宽度和孔径的比例为1:1，则被称为“玉环”。

玉环既是装饰品，又被当作凭证。从原始社会末期开始，一些地位高贵的人就会将几个玉环穿起来戴在脖子上或挂在胸前作为显示身份地位的配饰。如果有官员受到惩罚，被贬谪到偏远地区，当皇帝想再次任用此官员时，便会派人给那个官员送去玉环，表示要召回他予以任用。

假如玉环的边缘有缺口，那它所蕴含的意义又不同了。

龙形玉玦　商
中国国家博物馆藏

龙纹玉环　西周

山西博物院藏

秦朝灭亡以后，两支抗秦军队的领袖项羽和刘邦在咸阳城郊外的鸿门举行了一场宴会。在鸿门宴上，项羽的谋士范增曾三次向项羽举起一块有缺口的环形玉，他想表达什么意思呢？他举起的那种玉叫“玉玦”，范增是用玉玦示意项羽：一定要同刘邦断绝关系呀！

玉玦早在七八千年前就已经出现了。由于这个缺口使玉环断开了，于是玉玦被人们引申出“断绝”的意思，当一个人不想再与另一个人做朋友时，向对方出示一块玉玦就可以了。

你知道吗？还有一种叫玉珏（jué）的古老玉质装饰品也呈有缺口的环状，它在古代主要被用作耳饰和佩饰。玉珏和玉玦虽然读音相同，但二者还是有区别的。玉珏常成双成对地出现，小的玉珏类似于今天的耳环，较大体积的玉珏则是人们随身佩戴的装饰品。玉玦只指一块有缺口的环形玉，通常为男子佩戴。

玉璧、玉瑗、玉环都是圆形的，没有起点也没有终点。在古人的观念中，它们有圆满、祥瑞的寓意。而玉环的“环”字，更被广泛用于圆形物体，例如门环、耳环、套环等，进而引申为动词“环绕”。

广告

与生活息息相关的“广告”

现在，无论是走在大街上，还是打开电视、手机，我们都会接收到各种广告，它们告诉了人们很多很多的信息，也给我们的生活带来了便利。那么广告是怎样产生的？古代的人们又是怎样做广告的呢？

很早很早的“口头广告”

大家知道，广告的主要作用就是推销商品，所以自从社会上有了商品，很快就有了广告。根据目前的考古成果，我国在原始社会末期，也就是距今大约5000年的时候，农业、手工业都有了很大发展，但各个地方的物产不完全一样。一个地方的人们制作了很多陶器，另一个地方的人们织了一些布，他们就用交换的方法来得到自己没有的物品，用今天的话讲，那些被交换的物品就是商品。

当年人们交换物品的时候，自然少不了用语言来介绍自己的物品，讲陶器多么美、布多么好，这种介绍也算是最原始的广告，专家们将它定名为“口头广告”。非常有趣的是，“广告”一词的本义就是“大喊大叫”。由此大家也可以想象，在广告的初始阶段，人们用大喊大叫的口头广告吸引、招呼他人的热闹情景。

多种多样的“实物广告”

随着商品增多，人们将所售商品或商品中具有代表性的一部分悬挂、摆放在醒目位置，吸引顾客的眼光，用于宣传推销商品，这被称为“实物广告”。你一定知道“挂羊头卖狗肉”这个俗语吧？现在人们用它比喻表里不一、名不符实，而它最初所讲的不就是实物广告嘛。

当造纸术和印刷术被发明以后，商人立刻抓住机会，利用这两大新技术使广告得到广泛传播，真正做到了“广而告之”。中国国家博物馆收藏并展出的一块宋代的铜版，就是目前所知我国最早的印刷商标广告的实物，它差不多相当于你的两只手那么大，而且图文并茂。你注意到了吗？铜版上的字是反的，在这块铜版上刷上墨，就可以在纸上印出正字的广告了。

“济南刘家功夫针铺”广告青铜版　宋
中国国家博物馆藏

快来仔细看看广告的内容吧！

最上边是“济南刘家功夫针铺”8个大字，这自然是店铺名称了。中间画了一只捣药的白兔，你看它竖着两只大耳朵，前腿紧紧地抱着杵，站起身子使劲捣药，样子多专注、多可爱呀！选白兔做商标，用今天的话说，就是要个明星效应。在神话传说中，白兔可是大明星呢，它住在月宫里，是嫦娥姐姐最喜欢的动物。此外，选白兔做商标还跟它手中的杵有关。你听过“铁杵磨成针”的故事吗？人们看到白兔手中的杵，很容易就会想到杵与针的关联，这明星就更有做商品代言人的资格了。白兔两边书写着“认门前白兔儿为记”，就是说刘家功夫针铺以白兔为标志，你可不要找错地方呀。白兔的下面是广告词：“收买上等钢条，造功夫细针。不误宅院使用，转卖兴贩，别有加饶，请记白。”短短 28 个字，既说明了制造细针的原料、针的质量和针铺的信誉，还说明了优惠办法——“转卖兴贩，别有加饶”，也就是对于大量购买再一点点把针卖出去的顾客，还可以“加饶”，“加饶”就相当于现在的打折扣。

当年广告的形式可多了，还有招牌、幌子、牌匾、楹联、灯箱等。

“广告”一词由哪来

其实说了半天，中国词语中原本并没有“广告”一词，它是外来词语，源于拉丁文，我国古代将广告称为“告白”。1899 年 4 月 30 日，著名学者梁启超创办的《清议报》上刊登了“广告募集”的声明，梁启超算是率先使用“广告”的人了。1906 年，清政府的农工商部在《商务官报》上也使用了“广告”二字，这被视为中国政府部门首次使用“广告”一词。在 20 世纪初，“广告”和“告白”两个词并存。

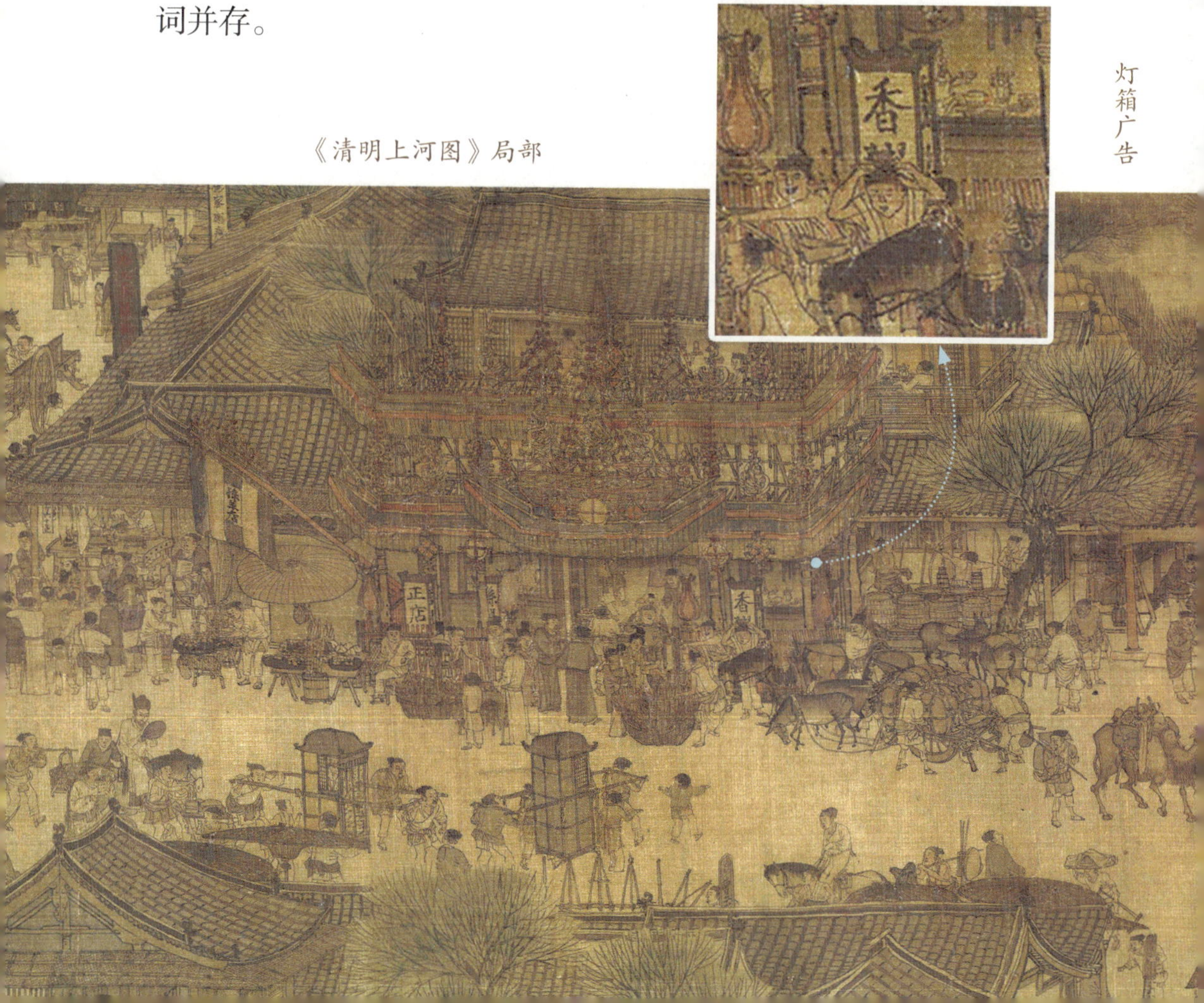

灯箱广告

《清明上河图》局部

丰碑

“丰碑”原来不是碑

在日常生活中，人们往往会将一些不朽的杰作或者伟大的功绩称为“丰碑”，这说明在人们的心目中，丰碑是极为神圣崇高、令人敬仰的。那丰碑原本的含义是什么？它有什么用途？又有怎样的发展历程呢？

碑有什么用

你知道吗，“碑”虽然有个石字旁，但很久以前的碑并不全是用石头做的，还有的是用木头做的，用途也和现在有很大不同。据《周礼》一书记载，周代就有了碑，当时的碑上没有文字，用途有三种：

第一种碑是立在宗庙院子里的石头，用来拴住祭祀用的牲畜。

第二种碑是立在王宫门外的石柱或木桩，人们会根据它在阳光下的影子的方向来测算时间，这种碑后来演化为日晷。

第三种碑是立在墓地中、用来辅助安放棺椁的。周天子去世后，下葬时由于墓坑又大又深，而棺椁又大又重，人们没法轻易地将棺椁安置好，便在墓坑的四角立了大木板做支撑物。大木板上还要有穿孔，系棺椁的绳索通过大木板的穿孔和辘轳，这样就能确保棺椁平稳地徐徐落入墓坑。这种大木板有特定的称呼——丰碑。

到了春秋时期，周王室日益衰微，各地诸侯纷纷称霸，周王室订立的一些等级制度也被渐渐推翻，原本只有周天子能够使用的丰碑，一些诸侯下葬时也使用了。随着越来越多的人追求葬礼的隆重，使用丰碑的人也逐渐多了起来，于是丰碑的意思慢慢发生了变化，由墓坑旁的支撑物变成了高规格葬礼的组成部分。

秦代以后，人们为了纪念逝者，在石头上刻字为墓中的人歌功颂德，这就出现了纪念性的石碑。1870 年山东出土了西汉河平三年的麃（biāo）孝禹碑，它是目前所知最早的纪念性石碑。

东汉时期，竖立墓碑的风气广泛流传，石碑的形制也基本定型。当纪念性的石碑盛行以后，丰碑的本义就被人们渐渐忘却了，绝大多数人只是从字面的意思来认识丰碑，于是丰碑就有了高大、崇高等全新的含义，史书记载隋代的帝王就将高大的碑称为丰碑。

麃孝禹碑　西汉　山东博物馆藏

非常有意思的是，早期的丰碑在碑上部中间靠近碑额的地方都会有一个圆孔（碑穿），这是对原始丰碑样式的一种保留。后来，碑更换了材质，也更新了作用，人们就对它“知其然而不知其所以然”了。

碑穿

碑长什么样

需要特别提示的是，现在的碑有广义和狭义之分，广义的碑泛指各种形制的、刻着文字或图画的、竖立起来作为纪念物或标记物的石头；而狭义的碑则是指立于墓地、寺庙、纪念地的石碑。如果你去西安碑林博物馆，看到的就是广义的碑。

石碑一般有碑额、碑身和碑座三部分，碑身又有碑阳、碑阴、碑侧之分。

碑额就是石碑的上端，也叫碑首或碑头，上面大多雕刻着石碑的标题和蟠龙。隋代以后的石碑碑额多为方形，也是现在大家常见的样式。

碑的正面叫碑阳，背面叫碑阴。碑文刻在碑阳，如果碑文较长，碑阳容纳不下，就可以刻在碑的侧面和碑阴。比如唐代颜真卿刻立的颜氏家庙碑就是一块四面都刻有文字的碑。

碑的底座原本是长方形的，从唐代开始，高官显贵将石碑底座雕刻成类似乌龟的形状，所以碑座也叫“龟趺（fū）”，民间俗称是“王八驮石碑”。其实龟趺的形象是传说中龙的儿子，名叫“赑屃（bì xì）”。这位大力士看起来和乌龟长得差不多，但它比乌龟多了尖尖的獠牙。因为它的力气特别大，能负重，象征着长寿吉祥，所以古人按照它的形象做成石碑的底座。

最后还有一个小问题，你知道石碑的量词是什么吗？我们平常讲一支笔、一辆车、一架飞机、一艘轮船等，这里的“支”“辆”“架”“艘”都是量词。那石碑呢？大家常说的是“一块石碑”，或者“一座纪念碑”，这是口语化的说法，但石碑更确切的量词是“通”，在博物馆业务部门的相关账目上，记载的是“×× 通碑”，你记住了吗？

颜氏家庙碑　唐
西安碑林博物馆藏

再现词语里的
5000 年物质文明史

权衡

管辖

符合

计较

模范

锻炼

大驾

规矩

巾帼

漆黑

参差

斧削

一词一世界

2

齐吉祥 著

天津出版传媒集团
新蕾出版社

图书在版编目(CIP)数据

一词一世界 / 齐吉祥著 . -- 天津 : 新蕾出版社，2024.2（2025.4 重印）
ISBN 978-7-5307-7612-4

Ⅰ . ①一… Ⅱ . ①齐… Ⅲ . ①汉语 - 儿童读物 Ⅳ . ① H1-49

中国国家版本馆 CIP 数据核字（2023）第 147786 号

书　　名：一词一世界　YI CI YI SHIJIE
出版发行：天津出版传媒集团
　　　　　新蕾出版社
http://www.newbuds.com.cn
地　　址：天津市和平区西康路 35 号（300051）
出 版 人：马玉秀
电　　话：总编办（022）23332422
　　　　　发行部（022）23332677　23332351
传　　真：（022）23332422
经　　销：全国新华书店
印　　刷：天津新华印务有限公司
开　　本：787mm × 1092mm　1/16
字　　数：230 千字
印　　张：24
版　　次：2024 年 2 月第 1 版　2025 年 4 月第 3 次印刷
定　　价：79.00 元（全 2 册）

如发现印、装质量问题，影响阅读，请与本社发行部联系调换。
地址：天津市和平区西康路 35 号
电话：（022）23332677　邮编：300051

规矩

没“规矩”不成方圆

人们要办理一些事情的时候，常常会说“还是按老规矩办吧”；在人与人之间出现争执的时候，有人就会说“你懂不懂规矩呀”；有时，家长送孩子出门远行时还会嘱咐说“出去要守规矩，要做懂规矩的人”；在文学名著《红楼梦》第七回里，凤姐就焦大醉酒后撒野的事跟人们说“倘或亲友知道了，岂不笑话咱们这样的人家，连个王法规矩都没有”。如此说来，“规矩”一词在古今都被广泛使用，或用它表示大家应该遵守的一种规则、一种行为规范，或用它表示一种礼法，懂规矩成了言行正派、老实守法的代名词。那“规矩”一词是怎么来的呢?

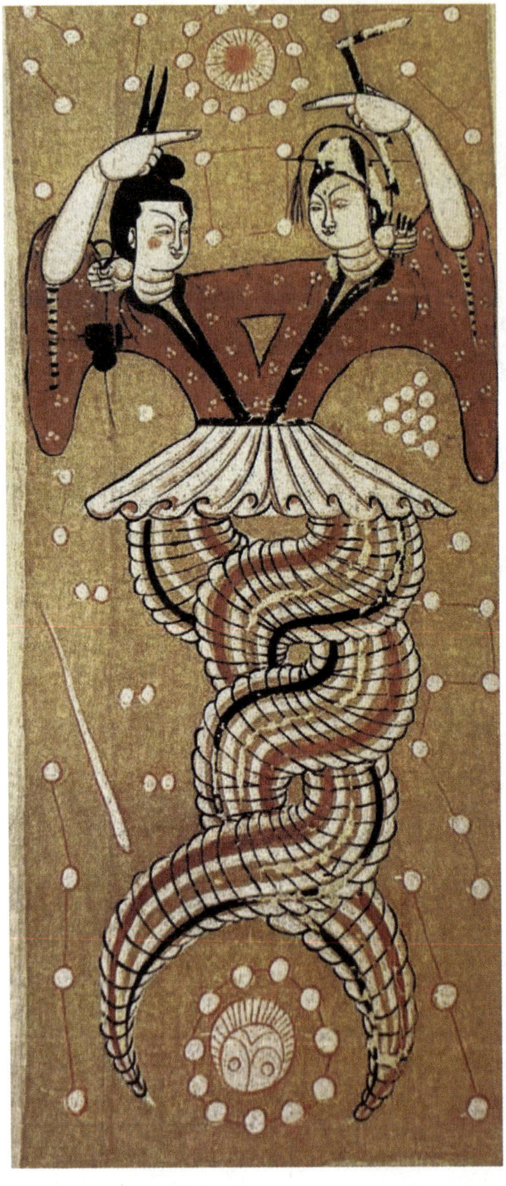

彩绘伏羲女娲绢画　唐
新疆维吾尔自治区博物馆藏

规天文地的工具

原来，“规”和“矩”是我国古代工匠常用的两种工具，规用来画圆，矩用来画方，在许多古代绘画以及画像砖、画像石中都能看到它们的样子。就以这件在新疆吐鲁番唐墓中出土的“彩绘伏羲女娲绢画”为例吧，画中的一男一女，是神话传说中的伏羲和女娲，都是人首蛇身，他们的手中一个拿的是微微撑开了两足的规，一个拿的是直角的曲尺，即矩。现在，咱们很多同学书包中的圆规和三角板，不就是这图中规和矩的现代版产品吗？

为什么伏羲和女娲要拿着规和矩呢？这是因

为，在神话中他们开辟了天地，而我国古代一直认为“天圆地方”，所以，这两位造天造地的神，一位在规天，一位在丈地。

历史悠久的“规”和“矩”

我国在什么时候就有规和矩了呢？由于早期的规、矩都是用竹木一类的材料制成的，因此未能保存下来。若从历史记载来看，司马迁在《史记》里讲大禹治水时提到了规、矩，“左准绳，右规矩，载四时，以开九州，通九道”。还有古书记载，

“玉琮王” 新石器时代 浙江省博物馆藏

舜的时候有一位叫垂的人，发明了规、矩。上述记载说明规和矩有 4000 多年的历史了。但从考古资料来看，我国规、矩的历史应该大大提前，例如初中历史课讲了河姆渡氏族和半坡氏族，在浙江宁波河姆渡遗址出土了许多玉珠和玉环，它们的圆形都很规整。半坡人所建的房屋有圆形和方形两种，形状也都很规整。半坡人用的各种陶罐、陶瓶、陶盆等器物上的图案，至少有一处是圆形。在浙江杭州出土的良渚文化的代表玉器“玉琮王”，外形是四方形，正中则是一个贯通的圆孔。在甘肃兰州出土的一件约 5000 年前的彩陶盆上，居然有 15 个极其规整的同心圆。类似的文物还有许多，它们说明了两个问题：一个是当时的人们有了很清晰的方形和圆形的概念，另一个是当时已经有了绘制、加工圆形和方形的办法和器具。那种绘制、加工圆形和方形的器具，应该就是原始的规和矩。

由于规、矩有准确规划形状的作用，我们聪明的祖先就以物喻义，将它们引申到人的行为规范。西汉时期的著作《淮南子》讲“非规矩不能定方圆”,该书又说“仪表规矩,事之制也”,意思是说人的着装容貌、行为举止，都应合乎社会法则。人们还在规矩的基础上衍生出“规行矩步”这个成语，指出人们在社会上都必须依照一定的规则行事，守法不逾矩。

锦绣

最美不过“锦”和“绣”

我们经常用“锦绣”二字形容美好的事物，例如锦绣河山、锦绣前程，有首歌曲还唱道“万里江山披锦绣”。那么，人们为什么要用“锦绣”来形容美好的事物呢？要解答这个问题，还要从一种可爱的小虫子讲起，这种小虫子你应该不陌生。60 多年前我上小学三四年级的时候，就在铅笔盒里养过它，每天都给它喂两片新鲜的桑叶，看着它由小慢慢长大，最后变成了一个茧。说到这，我想你该明白了，这种可爱的小虫子就是蚕宝宝，那个茧就是它吐的丝。别看那蚕茧只有圣女果那么大，蚕丝有时能达到 1000 多米长呢！

蚕茧

了不起的发明

早在5000多年前，我们的祖先就发现了蚕能吐丝这个秘密，并尝试着将蚕丝织成衣料，这丝织技术可是个了不起的发明，为全人类做出了大贡献。

织的方法不一样，就会产生不同品种的丝织物。刚开始，人们只会把竖向的丝线（经线）和横向的丝线（纬线）相互垂直交叉，而且是反复交换交叉，织成一种没有任何花纹的丝织品，这种织物叫作“绢”。绢很像我们现在看到的那些最普通的棉布，表面很平整，很适于做衬衣衬裤和棉被的被里。

经线纬线垂直交叉示意图

为了让丝织品更美丽，在距今3000年的时候，人们用针将几种彩色丝线添加在织好的绢上，构成漂亮的花纹，这种有了花纹的织物就叫“绣”,也就是人们常说的“刺绣”。刺绣也有好几种，久而久之，我国

精美的刺绣图案

形成了刺绣的四个主要地区：江苏、湖南、广东和四川。这四个地区出产的刺绣俗称苏绣、湘绣、粤绣和蜀绣，统称为“四大名绣”。现在还流行一种十字绣，你见过吗？你不妨通过十字绣，体会一下“绣”的奥妙和乐趣。

高超的丝织技艺

又过了些时候，距今 2500 年左右，人们用一种能够提花的机器直接织出了花纹，而且那些花纹都是凸起的，有立体感。这种丝织物格外华丽，人们叫它“锦”，它也是丝织品中价格最贵的，是贵族们追求的奢侈品。当然，织锦可是需要很高技艺的，而且还非常费时间。我见过四川织锦师傅的操作，两位技术非常熟练的师傅，相互配合，专心致志地织了 8 个小时，仅仅织成了 15 厘米的锦。明清时期，一件皇帝龙袍所需的锦料，要用半年多的时间才能织成。

1982 年在湖北荆州发现了一座距今 2300 多年的墓葬，木棺内有 35 件丝织品，其中有锦袍、锦裤和绣的禅衣，可漂亮了。

仔细瞧瞧下边这两件文物，左边的对龙对凤纹绢面绵袍上有用红、黄、棕三种颜色的丝织出的龙凤等图案；右边这块织物上还绣出了龙、凤和老虎，那虎的尾巴高翘，张牙舞爪，扑向前方的大龙，十分生动形象。

对龙对凤纹绢面绵袍（左）和
龙凤虎纹绣（右） 战国
荆州博物馆藏

针砭

治痛疗伤用“针砭”

说到我国古老的中医医术，大家是不是很容易联想到针灸？做针灸治疗时自然需要用到各种针具，你来猜一猜，最原始、最古老的针具是用什么材料制作的呢？是骨针、竹针还是什么呢？正确的答案是用石头做的“砭石”，你猜对了吗？

神奇的砭石

砭石也叫针石、馋石，简称为“砭”。在古代文献中，有许多关于砭石的记载。《说文解字》对它的定义是：“砭，以石刺病也。”还有很多讲砭石疗效的故事。

相传，唐高宗有一天突然头晕、视物模糊，赶忙宣召太医前来诊治。太医看过唐高宗的面色，又仔细把了脉，认为并无大碍，便说用石针刺头部的穴位，放出一点血就可以了。听了太医的诊断，皇后武则天怒容满面，她认为皇帝贵为天子，怎么可以放他的血呢？幸好唐高宗开明，他让太医放血治疗，太医“砭”了两次，便治好了唐高宗的头晕。

本文题目中与这个故事中的“砭”都是动词，是用石针扎的意思。“砭”可引申为批评、规劝，因为砭可以治疗疼痛，所以人们又把这种功能引申为发现或指出错误，以求改正，例如“针砭”。

“砭”可能是我们祖先最原始的治病手段之一。中医专家推断，远古时期，人们在身体出现一些病痛时，可能会下意识地做出一些按压或用随手拿到的石头去碰触的动作，这样的动作偶然间减轻了他们的疼痛，于是人们便不断摸索、积累，由无意识到有意识，后来就造出一些尖利的石器用于消除疼痛，砭石就产生了。

最古老的砭石

1963年，在内蒙古锡林郭勒多伦旗头道洼新石器时代遗址出土了一根石针，长4.5厘米，一头为四棱锥形，另一头扁平、有弧刃，被认为是目前所知世界上最古老的砭石。

推陈出新的砭针

石针虽然取材方便，但制作起来费时费力，并不能满足社会进步的需求，所以当商周时期的青铜铸造技术高度发展时，青铜针具便出现在了人们面前。1978 年，又是在内蒙古，人们发现了一枚战国至西汉时期的青铜针，它的大小、形状和 1963 年发现的那枚石针非常相似，人们把它定名为“青铜砭针”。

青铜砭针

除了青铜砭针，还有金针和银针。1968 年，在河北保定满城汉墓中，出土了针灸用的 4 根金针和 5 根银针，其中 4 根金针保存得非常完好。专家甚至还研究出它们的功能不完全相同：有的针头纤细得像毫毛一样，显然是可以刺入穴位的；有的针头锐利、三面有锋棱，应该是刺入经络放血疗疾用的——前面故事中提到的给唐高宗放血用的石针，很可能就是这种形状的。

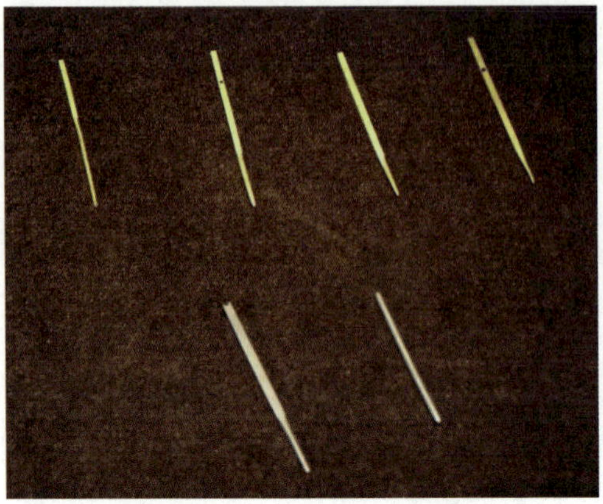

满城汉墓出土的金针和银针

金针、银针成本太高，所以当汉代人制出钢针后，钢针就成了针灸的主要针具了。

由于用针砭可以治痛疗伤，人们便将这种功能引申出“针砭时弊”之说，比喻对社会上某些错误和弊端的严厉批评。

砭针也有漂亮的衣裳

针都比较细小，古人用什么方法让小小的砭针又好取用，又不易散失呢？你听说过“针衣”吗？针衣就是古人为了妥善保存针，给针设计制作的“衣服”。

人们先用很细的小竹条编个小竹帘，再把它缝在一块丝织品上，针的衣服就做成了。不用时，将针别在丝织品上，然后将竹帘一卷，很方便就收纳好啦。湖北荆州博物馆就藏有西汉时期的针衣，大家有机会就去看看它美丽的真容吧。

博弈

“博弈”本是两种智力游戏（一）

我们经常听到“博弈”这个词，如“对手之间的博弈”“人的一生中有太多的博弈”……在这些语句中，博弈的含义是指为了争取某种利益而运用智谋进行较量、竞争。不过，你知道吗，“博”和“弈”原本是我国古代两种由智力游戏发展而成的棋类运动。

3000 年前就有“博”和“弈”吗

“博”是六博，“弈”是围棋。由于六博的棋谱早已失传，这种棋类运动也在人们的生活中渐渐消失了，所以大家对它比较陌生；围棋则一直流传至今，而且成了世界性高级智力竞技运动，影响深远。

六博陶俑　东汉　河南博物院藏

六博和围棋的历史有多久远呢？战国时期的一本书《世本》说“乌曹作博”，又说“尧造围棋，丹朱善之”。相传乌曹是夏朝的大臣，尧则是大家知晓的传说中原始社会末期著名的部落首领。按这种说法，围棋和六博的产生都应在3000年前。然而，人们在考古发现中并没有看到那个时期有关这两种棋的物证，这种说法和黄帝发明指南车、仓颉创造文字一样，暂时没有确切的证据。

不过，专家们通过考证、分析春秋时期的一些人物故事，并结合考古发掘资料，认为我国至少在春秋时期就已经流行起六博和围棋了。那么，是哪些人物故事呢？

春秋时期的“博弈”小故事

先讲个孔子的故事吧。在《论语》中有这样一段话：“饱食终日，无所用心，难矣哉！不有博弈者乎？为之，犹贤乎已。”大家知道孔子是一位非常好学的人，所以他说：“整天吃饱了，什么都不做，那是不行的。不是有六博和围棋吗？玩玩它们也比无所事事好。”孔子将六博、围棋看作游戏，也注意到了它们的益智性，所以提倡不妨玩玩博弈，动动脑子。在古籍记载中，这是第一次出现“博弈”这个词。

第二个是孟子以学习下围棋为喻，教育弟子学习要专心致志。他讲，下围棋的高手弈秋教两个人下棋，一人专心致志，全神贯注听弈秋讲课，没有杂念；而另一人坐在那里好像也在听课，可心里却在想：这时天上要是有天鹅飞来就好了，我可以用弓箭射下它们。于是孟子评论说：“虽然他与别人一起学

习，但成绩却比不上别人，难道是因为他的智力不如别人的吗？不是的，原因是他没有专心致志。”故事虽短，却发人深省。这个小故事还给后人留下了“专心致志”这个成语。

第三个故事说的是荆轲在赵国游玩时，和赵国人下六博时发生了争道，惹得赵国人大怒，双方险些打起来。“争道”是怎么回事呢？请你先看看这幅博局示意图。在湖北、河北几处战国时期的墓葬和遗址中，人们都发现了六博棋盘，它们有的是木制，有的是石制，呈正方形，四边上共有 8 个“L”形的图案，正中的正方形四面各有一个“T”形的图案，这 12 个图案就是棋子行走的道，被称为“曲道”，争道就是争夺棋子行走的曲道。

根据出土文物我们可以知道，对博的双方各有 6 枚棋子，

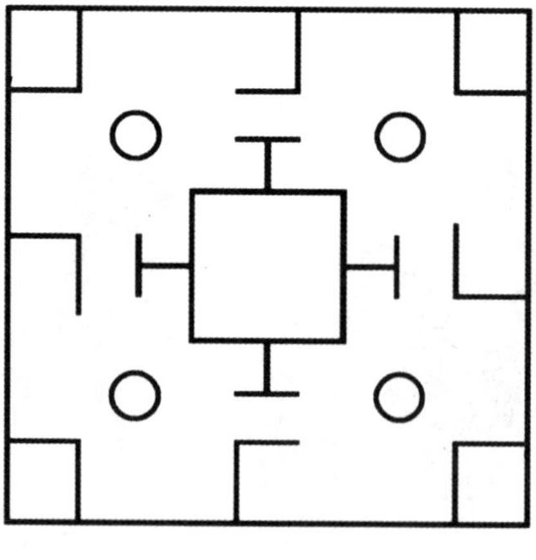

博局示意图

棋子用象牙、玉石、兽骨等制成。除棋子外，还各有6根筷子一般的“箸”。古代“箸”也称为“簙（bó）”，这也是这种棋类活动叫“六博”的缘由。箸分为正反两面，行棋之前先投箸，六根箸都投完后，根据正、反面的结果，决定行棋的步数。一般要将箸投在名为“方枰”的木板上，方枰上铺有席或毛织物，为了防止席或毛织物翻卷，还要用“镇”压住四角。在一些汉代六博图画像石中，我们能清楚地看到投在方枰上的六根箸和方枰四角上的镇。

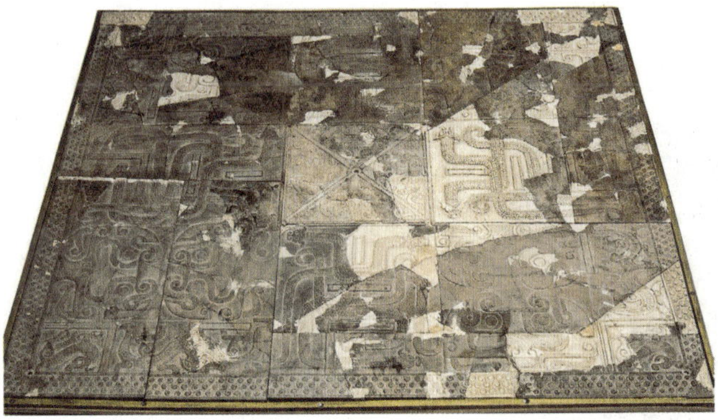

六博棋盘　战国　河北省文物考古研究院藏

玩法失传的六博

1974年，湖南长沙马王堆3号墓中出土了一套目前所知最完整的六博棋具，里面除了有箸和棋子外，还有一枚用木

博具　西汉　湖南博物院藏

茕

头制作的叫作“茕（qióng）”的博具，它有什么用呢？

请注意看，它的样子很怪，虽然直径只有4.5厘米，却有18个面，其中16个面分别刻的是数字1~16。专家们推断，它相当于现代的骰子，可以代替箸来使用，也就是不用投箸，而改投这个茕。茕被投掷并静止后，必定有一个面朝上，这一面上的数字就是棋子走步的步数。

看到这，你有没有想到这么一个问题：无论是投箸还是投茕，六博棋子的步数都具有相当的偶然性，茕面数字是1还是16，代表的结果可是大不相同的呀！如果一直投到小的数字，那运气也太差了。正因为这种偶然性，有人很可能为自己的好运气大呼小叫，这样就可以增加六博的热闹气氛。

茕的 18 个面中有 16 个面是数字，那另外两个面刻的是什么呢？原来一面刻着“骄”字，其相对的一面刻着大家还不认识的一个字。由于六博的玩法早已失传，我们不能确定这两个字的准确含义，但很多人都认为，这两个字一定有特殊作用，也许和棋子的走向有关联，至于是什么关联，就不得而知了。

下棋必有输赢，但因为规则的缺失，我们也无法说出棋子在棋局上该怎么行走，更不知道怎样是赢、怎样是输了。

不过也有个好消息，专家在江西南昌海昏侯墓中发现了写着六博棋谱口诀的竹简，这批竹简对研究六博的游戏方法和规则有着重要的作用。让我们期待，经过专家的研究，六博这个古老的棋类游戏能够重新焕发生机吧！

博弈

“博弈”本是两种智力游戏（二）

在日常生活中，我们常使用“博弈”这个词的引申义，也就是“比喻为谋取利益而竞争”。我们在前面讲了“博弈”的本义是指我国古代的两种智力游戏，“博弈”中的“博”是六博，那本文我们就再来说说“弈”——围棋。

“痴迷”下围棋的古人

从前文孔子和孟子有关下棋的故事中，我们了解到围棋有着十分久远的历史。有趣的是，不光孔子和孟子，我国历史上还有许多名人也都喜欢围棋，有的还是围棋高手呢，如大家熟悉的曹操、阮籍、唐玄宗、宋太祖、宋徽宗、王安石、文天祥、郑成功、纪晓岚等。

据说曹操能同当时全国最有名的四大棋手抗衡，而唐玄宗因为安史之乱逃去四川避难时，逃亡的路上也要带着“围棋国手”王积薪同行。用“痴迷”二字形容他们对围棋的喜爱是不是也不太过分呢？

中国国家博物馆有一幅传世的《郑成功像》轴，描绘的是这样的场景：郑成功非常从容地和好友下着围棋，传令兵下马准备报告军情。原来，郑成功下围棋时，将士们正在前线激战，传令兵就是来报告大捷喜讯的。你看，这画面上的郑成功多么

《郑成功像》轴　清　中国国家博物馆藏

镇定自若呀，想必早已胜券在握了。

这幅画体现了郑成功既是一个围棋高手，又是一个运筹帷幄的将帅。可见，人们喜欢下围棋无非两方面原因：一方面，下围棋可以锻炼大脑，提高思维能力；另一方面，黑白棋子的对决犹如两军在布阵交锋，棋局如战局，将帅们看到了围棋在军事方面的价值，就将棋盘上的演练运用到了实战之中。所以围棋可不单单是一种游戏，它有可能让你的思维变得更加敏捷哟！

在空气中下一局围棋吧

古人还常常通过下围棋来锻炼、提升自己的记忆力。

东汉末年有一个著名的文人，“建安七子”之一的王粲，他居然能记住别人的棋子都是怎么布局占位的。

有一次，王粲向正在下围棋的双方说：“你们把刚才的棋局弄乱，我可以将其恢复。”下棋的两人听了都不相信，要知道每盘围棋一般要动用一二百枚棋子，在棋盘上形成密密麻麻的一片，黑白棋子犬牙交错，同色的棋子有时相连，有时中断，而每盘棋落子的方位和顺序都不一样，王粲怎么可能记住呢？为了判断王粲是吹牛还是真有这种本事，他们先让王粲看过下好的棋，然后用布盖上，再拿另一个棋盘，让王粲复局。不一会儿，王粲就将棋局摆放好了。当人们将两个棋盘进行对比时，发现一个棋子也没错，在场的人无不连连称奇。这说明王粲不仅有惊人的记忆力，同时也是一名围棋高手。

王粲的故事足够让你惊叹了吧？下面这个故事更有意思，有的人不用棋盘和棋子竟然也能下棋！

这个故事的主人公就是前面提到的王积薪。755年，唐朝将领安禄山和史思明背叛朝廷，发动了安史之乱，皇帝唐玄宗被迫放弃都城，开始逃亡。随行的围棋高手王积薪有一天借宿在了山中一位老婆婆的家里。夜深人静之时，王积薪突然听到老婆婆隔着墙同她的儿媳妇说："夜晚这么安静，也没有别的事可做，咱们下会围棋好吗？"儿媳妇说可以。王积薪听了以后感到奇怪，心想：这室内没有点灯，婆媳二人也不住在一个房间，她们怎么下棋呢？于是他就将耳朵贴在门上仔细听。只听见婆婆说："我在东五南九下一子。"儿媳妇回："我在东五南十二下一子。"婆婆又说："我在西八南十下一子。"儿媳妇又回："我在西九南十下一子。"每下一子，她们都要思考一段时间，王积薪也把她们所下棋子的位置一一记录下来。到了将近午夜1点时，她们一共下了36子。这时，婆婆忽然说："你已经输了。"儿媳妇则表示输得心服口服。

这个听上去好像玄幻传说的故事表明，唐代人已经掌握了只凭记忆就能落子布局的"盲棋"技艺，可见当时的围棋高手水平有多么高超了。

享誉世界的围棋比赛

为了鼓励人们多下围棋，南北朝时期形成了“棋品”制度，也就是评价棋手棋艺水平的等级制度，从高到低分为“九品”。现代围棋棋手的等级分为“九段”，就来源于这九品。

南朝的齐武帝和梁武帝两个皇帝举行过大规模的全国性围棋比赛，有许多高手通过比赛获得了品位。当年的少年儿童也喜欢围棋，而且有的具有相当高的棋艺，有位叫陆琼的少年，只有 8 岁，也参加了全国比赛。

三彩围棋罐　唐　洛阳围棋博物馆藏

到了唐代，围棋还成了国际交往中一项重要的活动。最早同中国进行围棋比赛的是新罗（朝鲜半岛历史中的一个国家）和日本。非常有意义的是，他们同中国在围棋技艺上的比赛，竟然一直延续至今，成为受到国际关注的重大赛事。20 世纪

80 年代，中日围棋擂台赛举行时，我国的报纸、广播、电视等媒体上全是和赛事相关的报道，两国的民众对比赛的情况也都极为关注。也是从那以后，我国少年儿童学习围棋的热情陡然高涨。

围棋有多少枚棋子

考古人员通过研究出土的古代围棋棋盘实物发现：汉代的围棋棋盘上大多是纵横各 17 条线，个别的棋盘上

是纵横各 15 条线，还有各 10 条线的，而南北朝时期的棋盘则增加到纵横各 19 条线，这样的棋盘制式一直沿用至今。也许你会觉得，19 条线不就是比 17 条线多了两条线吗？实际上并不是这么简单的区别。要知道，纵横 17 条线的棋盘上一共可以放 289 枚棋子，而升级为纵横 19 条线以后，棋盘上则能放 361 枚棋子，两者相差 72 枚之多。这就大大增加了下棋时可以发挥的空间，棋手的“战术”更多了，想要获胜的难度也就更大了，当然，这样的比赛也更有魅力了。

下一盘棋，有时也是一场战争甚至是一次人生的模拟，对善于学习的人而言，他们能从棋局中得到丰富的感悟。希望你不论是在下棋的博弈中，还是在人生的博弈中，都能充分运用智慧，走好每一步棋。

模范

铸造青铜器有“模”有“范”

在2000多年前的汉代，人们认为老师都是非常优秀的，足以规范人们的言行，所以将老师称为“人之模范也”。按照古人的这种认识，后来我们常常把一些值得学习的人称为模范，如劳动模范、学习模范等。那最初的“模范”二字，究竟是什么意思呢？

先“制模”后“翻范”

“模”“范”是铸造青铜器时必不可少的两种物品。在商周时期，我国人民铸造了大量精美的青铜器。要想铸造一件青铜器，必须要先有“模”和“范”。

铸造青铜器时，人们首先要用均匀、细腻、洁净的泥土做一件模子，这件模子一定要在大小、形状、花纹等方面与将要铸造的青铜器完全相同,这道工序叫“制模”。

第二步是“翻范”。先在烘干的模子表面涂上油脂或草木灰，然后将比手掌还要厚的泥片敷在模子上，要用力按压，使模子的形状和花纹都印在泥片上。等泥片半干后，将它切割成若干块从模上取下来，先检查一下，花纹如果有不清晰的地方，可以剔刻、修整，然后用火将其烧成陶范。

官庄遗址出土的陶范

经过这两道工序,就有“模”有“范”了。不过，这时的范只有外范，不能用来浇铸，这是为什么呢？假如人们要铸一件方鼎，如果有了外范就浇铸铜液的话，那铸出来的只能是方鼎形状的铜块，没有空腔。所以要铸造容器，还需要一个内范。内范怎么做呢？

你一定还记得首先制成的那个模子吧？聪明的工匠只要把翻过外范的那个模子的表面均匀地刮去一层就制成了内范。刮多厚并没有严格规定，要根据器物的大小、用途而定，简单地说，要铸造的青铜器的器壁有多厚，就刮多厚。

“合范”和“浇铸”

第三步是“合范”。工匠将烧好的外范围着内范合拢在一起，先用绳索捆绑，再用泥巴糊一遍。这是为了防止浇铸铜液时出现开裂的情况。合范的时候还要注意做出浇铸口和排气散热孔。

第四步就该“浇铸”了，即将 900℃以上的铜液通过浇铸口灌进内范和外范之间的空间。待铜液凝固后，把糊在外范上的泥巴和外范都打碎，掏出内范，所铸的青铜器就出现在人们面前了。当然，最后还需要修整打磨，才能制成一件精美的青铜器。

古代这种铸造青铜器的方法被称作“范铸法”。但陶范只能使用一次，难以批量制作青铜器。想批量制造小件的工具或者兵器，如镰刀、铜斧时，人们就采用可以多次使用的石范。2600 多年前，古人还创造了用蜡做模的方法，这种方法能铸造花纹格外复杂而精细的青铜器。又过了一二百年，人们还成功地用铜、铁等金属做成了金属范，比如古代的铜钱就是用金属范铸造的。金属范更标准，也更耐用，大大节约了时间和成本。

斧削

你知道写了错字要用刀“削”吗

我们每个同学都有使用橡皮的经历，用铅笔写错的字，拿橡皮轻轻一擦就能擦掉重写了。可是如果咱们穿越时空，进入2500多年前孔子开办的学校去上课，那课堂上没有纸、没有铅笔，也没有橡皮，作业要用毛笔蘸墨汁写在竹简上，写错了字该怎么办呢？在回答这个问题之前，我们先看一件非常珍贵的文物。

下页的图像是2000年在陕西西安秦始皇陵的一个陪葬坑中出土的文官俑，他上身穿着过膝长襦，腰间束着皮带，面带一丝微笑，双目下垂，一副非常恭顺和拘谨的表情，让人感到他是完全听命于皇帝的一位重要官员。你注意到他右侧腰带上悬挂的物品了吗？你知道那是什么吗？

秦始皇陵出土的文官俑

古代写字要带刀

有一次我在某小学给同学们讲这件陶俑，当大屏幕上只出现腰带上的这一部分时，同学们并不清楚物品的大小。我指着其中一件说："这是一把刀。那时一般武士才在腰上挎刀，那这位文官为什么也带刀呢？"我这么一引导，大家自然就往战刀上想了。有的讲："如果有刺客要刺杀秦始皇，他就可以拔刀保护皇帝。"还有的说："可能他想找机会杀死秦始皇，自己来当皇帝。"我又指着文官俑腰间的另一件物品发问："这块是磨刀石，武士们带刀并不带磨刀石，这位文官怎么还要随身带磨刀石呢？”这次同学们都你看我，我看你，没有人能回答了。这时，我故作抱歉地说：“对不起，同学们，我忘了告诉你们这刀有多大了，它的长度只比你们的牙刷略长一些。”讲到这，你能猜出来这把刀的用途吗？原来它是一把“书刀”，当时的名字叫“削”。

那时人们把字写在简牍上，也就是竹条（称为竹简）或木片（称为木牍）上，一旦写了错字，就要用“削”将错字削掉。非常有意思的是，由于人们使用的简牍大多是自己制作的，而制作起来又不大容易，所以人们很珍惜简牍，有时还会将用过的简牍上的字都削去，然后重复使用。在甘肃北部居延汉代烽燧遗址中就发现了被重复使用过的竹简。

各式各样的“削”

削的样子大致是一端有圆形或扁圆形环纽，可以系带，与环纽相连的是供人手握的刀柄，接下来是扁长的削背和削刃，整体长度在 25 厘米左右。

先秦时期的削都为铜质，1978 年湖北随州曾侯乙墓中曾出土 4 把铜削，形制相同。随着冶铁技术的发展，汉代有了铁削、钢削，它们比铜削更为锋利，在河北保定、河南洛阳、四川成都等地都曾出土。

削

曾侯乙墓出土的铜削

如同橡皮一样，削是当年人们书写时必备的器物，为取用方便，人们往往就把它挂在腰间，在汉代的一些画像石中就能看到这种形象。因为削是文房用具，而且还是随身携带的，所以制作得都比较精致。曾侯乙墓出土的一件铜削不仅用玉制作环纽，而且玉上面还雕琢了整齐的云纹，并将环与柄的衔接处铸造成龙首形，上面镶嵌了绿松石，俨然

放大的玉制环纽

曾侯乙墓出土的玉首铜削

成了一件工艺品。

汉代四川成都等地生产过一种金马书刀，也就是在刀身上刻画一匹骏马，并镶嵌黄金。河北保定满城汉墓出土的书刀，竟然还有象牙鞘。

非常有趣的是，小小一把削竟然衍生出许多词。因为用削可以改正错字，人们在请他人审读、指正自己的文章时，便会说恳请“斧削”。古代官员在写奏折时难免要先写个草稿，在正式呈上奏折后，便将草稿销毁，古代称其为“削草”。汉代

错金铁书刀　东汉　中国国家博物馆藏

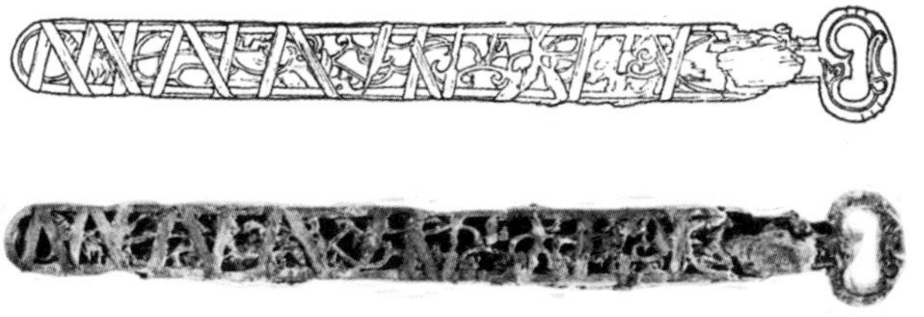

带有象牙鞘的书刀及其线图

有一个词叫“削书”，初看上去和简牍文稿有关，实际上却是皇帝下令夺回王侯封地的诏书。到了唐代，纸已普遍使用，尽管不再用简牍，但人们为了追求文雅，怀念古风，称废弃的草稿为“削稿”。简简单单的一个“削”字，折射出中华文化的博大精深。

锻炼

百“炼”才能成钢

有个成语叫“百炼成钢”，比喻久经锻炼，变得非常坚强。人们为什么会用“炼钢”来形容只要有坚持不懈、持之以恒的精神，就能成为真正的“钢铁”呢？原来，这和钢的冶炼方法有很大关系。

中国是世界上最早炼生铁的国家，铁在人们的生产、生活以及战争中，都有着极为重要的作用。铁出现以后，很快就有了钢，而且中国是世界上最早生产钢的国家。那么，你知道铁和钢有什么关系吗？你能说出它们的区别吗？

仨铁哥们有什么区别

铁有生铁、熟铁之分，这两种铁都可以用来炼钢。你可以把生铁、熟铁和钢看作是三个铁哥们，它们三个的区别主要在于含碳量的多少：熟铁的含碳量在 0.04% 以下，生铁的含碳量则是 2%~4.3%，钢的含碳量介于二者之间。人们还进一步细分出了低碳钢、中碳钢和高碳钢。由于含碳量的差异，生铁、熟铁和钢的坚硬度、牢固度和可塑性等，也就有了很大不同。假如铁轨用熟铁做，立刻就会被轧成铁片了；要用生铁做，就会被轧裂、轧断。

钢原来是可以"炒"的

古人生产钢和我们近现代生产钢在工艺上有很大区别，古代有一种产钢工艺的名字非常有趣，叫"炒钢"。平常说到"炒"这个字，大家往往会把它跟加工食品联系起来，如炒菜、炒饭等，难道连钢也是炒出来的吗?

你别说，还真的是这样！古人在改进了炼铁炼钢的工艺后，先用炼炉炼出生铁，再将生铁铸件。比如把一些铁条放进炒钢炉中加热搅拌（即炒），铁条表层的碳会被氧化，工匠们趁热将铁条从炒钢炉中拿出进行折叠锻打（锤打），挤掉铁条中的夹杂物，随着温度的降低，铁条硬了，不能再锻打，便再次放进炒钢炉中加热搅拌，然后再取出进行折叠锻打，如此反复若干次，铁条中的碳和夹杂物就会减少，铁条就变成了钢。如果人们把成品的形状设计成一把刀，最后经过锻打制成的就会是一把钢刀。因为其中加热搅拌的过程很像炒菜，所以人们把这种炼钢方法叫“炒钢法”。用这种方法也可以把熟铁炒成钢，当然不是给熟铁脱碳，而是向熟铁中渗碳才行。

钢越炼越好吗

古人把加热锻打一次叫一湅(liàn，因古文献历史久远，经过多人辗转抄印，所以今天我们所见的古书中，这个字也常被写作“炼”或“鍊”)。

1974 年，山东临沂出土了一柄东汉时期的大刀，它上面的铭文是“永初六年（112 年）五月丙午造卅（ sà，表示数字 30）湅大刀吉羊（宜子孙）”。这段铭文告诉我们，这柄大刀应该是

“永初六年”钢刀　东汉
中国国家博物馆藏

被反复加热锻打了 30 次之后成型的。科研人员在显微镜下仔细观察它的断面，确实看到有 30 层左右。经检测，这柄大刀刃部的含碳量为 0.6%~0.7%，属于钢刀。

后来，在江苏徐州出土了一柄东汉时期的钢剑，上有“五十湅”的字样，而在日本奈良出土的一柄我国东汉晚期的大刀上则有“百湅清刚（钢）”的铭文，时间再晚一些，曹操也在文章中提到“百湅利器”，再后来，便有了成语“百炼成钢”。

其实，“百炼成钢”只是一个口头俗语，迎合了文学上的表达需要，并不是实际的工艺规格。钢并不是炼的次数越多越好，炼的次数过多，含碳量就会过低，钢的硬度就变差了。如果是用来当兵器，钢炼的次数过多，它的杀伤力会大大降低，因此必须保持适度的含碳量。

由于通过锻炼、锤炼，可以将生铁变成质地更好、用途也更广泛的钢，人们便将锻炼、锤炼这些词引申到身心修养、文学创作等方面，如要加强体育锻炼，塑造品格要经过千锤百炼，写文章要多锤炼等。

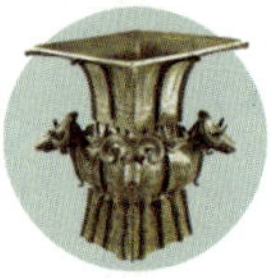

“饕餮”纹里有什么

同学们到博物馆参观时，往往会在商周时期的青铜器上看到这样一种纹饰，好像一只怪兽的头，瞪着一双又大又圆的眼睛，张着有獠牙的巨口，浓浓的眉毛，大大的耳朵，而人们铸造器物时形成的扉棱成了它又高又大的鼻子。这是什么纹饰呢？

饕餮纹为什么改叫兽面纹

我刚做讲解员的时候，按照讲解稿上写的告诉观众：“它是饕餮纹。”那什么是饕餮呢？讲解稿上写的是：“饕餮是神话中一种吃人的凶兽，因为它太贪吃了，竟然把自己给吃死了。”然而，现如今博物馆的展品说明牌上却将这种纹饰改叫“兽面纹”，而不是“饕餮纹”了，这又是怎么回事呢？

原来，这是现在的青铜专家们研究出的结果。他们对饕餮纹进行反复观察、比较后，一致认为这种纹饰是将牛、羊、猪的面形综合化、图案化的一种结果，所以改称其为“兽面纹”。这个新名称会让观众感到更直观、更明了，而且也更容易理解商周时期人们把这种纹饰铸造在青铜器上的原因。在重要的青铜器如鼎、尊等礼器上面，这种纹饰都占据着显眼的位置，如著名的后母戊鼎，鼎身四面和四只鼎足上都是兽面纹。

大家知道，商周时期的奴隶主非常重视对神灵、祖先的祭祀，每当举行祭祀大典时，他们都要隆重地摆上鼎、尊等青铜

后母戊鼎　商　中国国家博物馆藏

礼器，在鼎里还要放上牛、羊、猪等祭品。鼎上装饰着象征牛、羊、猪的兽面纹，这就将装饰性与实用性密切结合起来了。此外，这些兽面纹看上去很威严、凶猛，让人望而生畏，正好符合祭祀大典庄重、神秘的气氛，也显示了奴隶主对祖先、对神灵的崇敬和虔诚。

不过，商周时期并没有人将这种纹饰叫“饕餮纹”，这个名称是后人根据它那狰狞的样子，联想到神话传说中的凶兽饕餮给它起的。如《吕氏春秋》中就说：“周鼎铸饕餮，有首无身。”到了宋代，人们根据《吕氏春秋》的说法，才正式将这种纹饰定名为“饕餮纹”。

饕餮之徒令人厌

因为饕餮是贪吃的凶兽，所以饕餮还成了那些贪吃、贪财

的人的代称。早在《左传》中就记载："缙云氏有不才子，贪于饮食，冒于货贿（财货、财物）……谓之饕餮。"《左传》中记载的"饕餮"是指缙云氏之子，现在我们也将贪图吃喝、贪得无厌的人称为"饕餮之徒"，可谓和古代一脉相承。

青铜纹饰知多少

专家们曾对青铜器上的几十种纹饰进行了科学分类，你知道共有多少类吗？饕餮纹又属于哪一类呢？我归纳了一下专家们的意见——青铜器上的纹饰可以分为写实动物纹、奇异动物纹、几何形纹和人事活动纹四大类。

写实动物纹就是描绘自然界中真实存在的各种动物的图案，如牛、羊、猪、象、兔、

龙虎纹青铜尊　商
中国国家博物馆藏

四羊方尊　商

中国国家博物馆藏

虎、鸟、鱼、蚕等。较为知名的青铜器有四羊方尊等。

奇异动物纹呢，描绘的是人们幻想出来的动物，如龙、凤、夔龙（它的样子像龙，但只有一只足）、蟠虺（pán huǐ，小蛇状的动物）等的图案。龙虎纹青铜尊、错金银四龙四凤铜方案座等青铜器上就有这类纹饰。

几何形纹则是由几何图案组成的一种有规律的纹饰，也是最常见的纹饰，几乎每一件铜器上都有。云雷纹、弦纹、乳钉纹、绳纹、鳞片纹、环带纹等都属于几何形纹。

最后，我们再说说人事活动纹。这种纹饰展示的是人们歌舞、宴乐、狩猎、攻战等情景。有几件战国时代的青铜壶，器物纹饰以水陆攻战为主题，这种纹饰对研究当时的战争、礼俗、生产等都有重要的作用。

现在，请你说一说，饕餮纹应该属于以上哪类纹饰呢？

宴乐渔猎攻战纹壶　战国　故宫博物院藏

鉴定

“鉴定”源于两种青铜器

“鉴定”是现在我们经常能看到的一个词，例如文物鉴定、事故鉴定等。每学期期末，老师也会给学生写评语，这本质上也是一种鉴定。鉴定的含义是辨别并确定事物的真伪、优劣等。那“鉴定”一词为什么会有这么大的作用呢？这就必须从“鉴”说起了。

有趣的是，“鉴”与“监”本是同义字，这两个字在结构上既有相似的地方也有不小的区别：相似的地方是二者的上半部分，不同的地方则是下半部分，“鉴”字的下半部分是“金”，而“监”字的下半部分是“皿”。著名学者郭沫若曾说：“古人以水为监，即以盆盛水而照容，此种水盆即称为监，以铜为之则作鉴。”原来，“监”指的是陶器，“鉴”指的是铜器。现在你明白它们在质地上的区别了吧。

“镜”与“鉴”的渊源

大家都知道，我们可以看清别人的容貌，但如果不借助工具，是看不见自己模样的。先民们偶然间在静止的水面中看到了自己的脸，十分惊喜。10 000 多年前，人们学会了制作陶器，就有意识地在陶盆中放水来照自己的面容。这种陶盆口比较大，被称为“监”。4000 多年前，人们发现了铜，掌握了炼铜、铸铜的技术，就铸造了铜鉴和铜镜（铜鉴是盛水的容器，而铜镜则是平面的器具）作为照容貌的工具。甲骨文的“监”字和金文的“鉴”字，都很像一个人在水盆旁看自己的容貌。

甲骨文“监”

金文“鉴”

目前我们所知中国最早的铜镜是 4000 多年前的七角星纹铜镜，最早的铜鉴出现在 2000 多年前的春秋中期。铜鉴是什么样子的呢？你不妨将它想象为一个大号的铜盆。

七角星纹铜镜　新石器时代
青海省博物馆藏

春秋晚期和战国时代的铜鉴最为流行。中国国家博物馆收藏了两个铜鉴，一个叫“吴王光鉴”，一个叫“夫差鉴”。吴王光是吴王阖闾（hé lǘ），他是夫差的爸爸。两个铜鉴都被完整发现，现在还被收藏在同一个博物馆，这是不是太巧、太有趣了。我们从铜鉴上的铭文中知道，“吴王光鉴”是吴王阖闾为女儿出嫁而制作的陪嫁品，而“夫差鉴”则是夫差自己使用的。

吴王光鉴　春秋　中国国家博物馆藏

夫差鉴　春秋　中国国家博物馆藏

铜鉴和铜镜虽然在形状上不同，但都是照容貌的器皿。东汉大学问家郑玄说“鉴亦镜也”，也就是说“鉴”与“镜”两个字同义。由于铜镜更便于携带、更具观赏性，所以汉代以后就不见铜鉴的实物，而只有其名称了。

归纳一下，古人照见自己容貌的过程大概是这样的发展顺序：在自然静止的水中看到自己，在陶盆内静止的水中看到自己，用铜镜或者铜鉴照见自己的容貌，用更加方便的铜镜取代铜鉴。

千变万化的铜镜

古人制作铜镜的水平十分高超，许多铜镜堪称精美的艺术品。不过，铜镜的装饰都在镜子的背面，我们在博物馆中看到的也大都是铜镜的背面。

铜镜背面的内容丰富多彩：有描绘神话传说、各种人物故事的，有装饰几何图案或者动植物图案的，有标明铜镜铸造的年代和工匠姓名的，还有写了“长宜子孙”“千秋万岁”“君宜高官”“千代长存”等吉祥语的。

铜镜背面的纹饰，绝大多数都是铸成的。唐代时，人们发明了两种装饰铜镜的新手法：一种是将黄金或白银打成薄片，然后雕刻成一定图案，用漆粘在铜镜背面，叫作“金银平脱”；另一种是把贝壳切割成各种图形，再将贝壳表面磨平，精心雕刻出各种纹饰，如人的面孔、树的叶脉、鸟的羽毛等，然后再用漆把它们粘到铜镜背面，这种技艺叫“螺钿”。由于贝

羽人花鸟纹金银平脱镜　唐
中国国家博物馆藏

高士宴乐纹嵌螺钿镜　唐

中国国家博物馆藏

壳有多种光泽，黄金白银更是闪闪发光，所以这两种铜镜显得格外美观。

古代的铜镜不光背面的装饰丰富，形状也各不相同，大部分是圆形的，但也有少量方形、八棱形、菱形或荷花形的。一般铜镜背面都有一个纽，从这里可以穿过一条丝带，人们可以手握丝带举着铜镜照镜子。人们还把小一点的铜镜系在腰间随身携带，以便随时使用。到了清朝中期，玻璃镜逐渐普及，铜镜就基本退出历史舞台了。

龙纹葵花镜　唐　上海博物馆藏

铜镜用久了表面可能会生锈，亮度难免会降低，因此古代还有专门从事磨镜子的匠人，人们可以定期请工匠对铜镜进行打磨，使铜镜光亮如初。

关于铜镜亮不亮这个普通的生活现象，在古代思想家庄子那里另有一番理论。他说："鉴明则尘垢不止，止则不明也。久与贤人处则无过。"意思是说，镜子明亮则不落灰尘，落了灰尘则不明亮，经常与贤明的人相处，自己就不会有什么过错了。他的说法富有哲理，这种细心观察事物、认真思索、善于联想的精神，很值得我们学习。

铜镜的多重功用

如果你认为铜镜只是照人们样貌的工具，那你可太小看它了，事实上它的作用可是有不少呢。

最神奇的是，有一种铜镜能利用太阳生火！咱们现代人一般都知道光的反射这一科学原理，将一面小镜子在阳光底下对着墙面照，墙面上会出现一个光斑。古人也注意到了身边的各种反射现象，战国时就有人将铜镜的表面制成凹面，对着太阳聚光，能将一定距离内的物品引燃，于是，一种新型的取火工具被发明了出来，这种镜子被称为"阳燧"。这可不可以算是2000多年前古人对太阳能的一种开发利用呢？在《看"火候"凭的是经验》一文中也有关于"阳燧"的介绍，你可以去看看。

铜镜还是一种信物，成语"破镜重圆"就来源于千年前一个真实的故事：一对恩爱的夫妻因战乱被迫离散，分离时各持一半铜镜作为凭证，后来他们真的就凭各自那一半铜镜又重新

铜阳燧　西汉
扬州博物馆藏

走到了一起。

除了流传下来的人物故事，考古工作者也有发现：唐宋时期的墓葬中，会出现一面铜镜被分为两半，分别放入夫妻的墓中的情况，这也有“破镜重圆”的意思。

人们在用铜镜照容貌这个生活习惯上，升华出了更深层次的寓意，涉及人的行为举止、人品修养。战国时代有这样一个有趣的小故事：齐国有一个叫邹忌的人，他早晨对着镜子整理衣冠，欣赏自己的容貌，并分别询问妻、妾、客人：是自己长得美，还是齐国有名的美男子徐公美？他们都回答说是邹忌更美。可邹忌见了徐公后却发现自己远不如徐公。于是他就想，为什么我明明不如徐公美，可妻、妾、客人却说我比徐公美呢？他思考后悟出了原因：妻子因为爱他、小妾因为怕他、客人则因为有求于他，所以就都违心地说他比徐公美。后来邹忌用悟出的这个道理去规劝当时的齐威王，希望齐威王虚心纳谏，正视问题，改正错误。这个有趣的故事就记载在《战国策》中，有时间可以找来读一读。

还有一个更加感人的纳谏故事，故事的主人公是唐太宗和魏征。在封建帝王中，唐太宗以善纳谏而闻名，而魏征也是一个出名的敢于直言进谏的人。据史书记载，魏征曾先后向唐太宗进谏200多件事。有一年他写了《谏太宗十思疏》，用前代兴亡的历史教训提醒唐太宗“居安思危，戒奢以俭”。唐太宗仔细阅读了这篇奏章后，亲自写诏书答复魏征，承认自己的过失，并且将魏征的奏章放在案头上，随时警醒和督促自己。魏征去世后，唐太宗亲自去吊唁，并撰写碑文加以表彰，还在一次朝会上对群臣说，魏征去世，自己犹如失去了一面镜子。也许你之前听过唐太宗这句话：“以铜为镜，可以正衣冠；以古为镜，可以知兴替；以人为镜，可以明得失。”这句话将镜子的作用提到了前所未有的高度，非常发人深省。

当然，通过镜、鉴产生的不仅仅是“鉴定”这个词，还有“照面”，这个词被引申为和他人有短暂的相见；又如吸取教训、学习经验，被说成是“借鉴”“借镜”；观看、欣赏书画艺术品称为“鉴赏”……

漆黑

“漆”是中国古代的一项发明

人们常常将黑暗的空间形容为“漆黑一团”。有一次我和同伴们到煤矿的巷道里参观，下到巷道时，大家一同将头顶的矿灯关闭，那真的就是立刻什么也看不见了，大家异口同声地说：“真是漆黑一片呀！”本文说的“漆黑”不光是一个形容词，还是我们祖先为人类文明做出的一项重要贡献，你知道这是怎么回事吗？

由“生”变“熟”的漆

说漆黑自然要从“漆”讲起，这里的“漆”不是现在我们到处可以见到的涂料漆，而是“大漆”，也叫“天然漆”，是自然界的产物——漆树的汁液。

在我国温暖湿润的地方，例如贵州、四川、云南、湖北等地，都有丰富的漆树资源。人们将漆树皮深深割开，便会有乳白色的漆液流出，这种刚流出的漆液被称为“生漆”。生漆在暴晒后，水分渐渐蒸发，会变成半透明的“熟漆”。

我们的祖先有可能是在森林中狩猎或伐木时，偶然间用石斧、石刀等割破了漆树的皮，发现了流出来的漆液。由于漆液有很强的黏性，祖先也许就把它当黏合剂用了。之后，漆的防水、防锈、防腐蚀、美化等功能被祖先一一认识和利用。总之，人类对漆的使用经历了一个相当漫长的过程，但不论怎样推断，有一点是不容置疑的，那就是中国是世界上最早发现和使用天然漆的国家。

历久弥新的漆器

将漆液涂在各种木质（也有少量竹质、皮革质）的生活用品或者工艺品的表面，就制成了我们常说的漆器。中国是世界漆器手工业的发祥地。

2002 年，考古工作者在浙江杭州跨湖桥遗址中发现了一把涂了漆的木弓，距今七八千年，它成为研究中国古代漆器起源的最早物证。

1977 年，浙江余姚河姆渡遗址出土的漆木碗、漆木桶上涂有朱红色的漆，它们距今约 7000 年，是我国已知较早的漆器。

人们将朱砂加入熟漆中，就可以得到红色的漆；若加入铁矿石，制成的则是黑色的漆，那颜色不就是“漆黑”吗？我国古代使用最多的是朱漆和黑漆。由于涂了漆的器物都会有很强的光泽感，变得油亮油亮的，人们就顺口造了“油漆”这个词。

汉代以前的漆器，主要是日常生活器具、丧葬用品、兵器、乐器等。假如你穿越时空和汉代的大将军韩信相遇了，你会看到他的士兵拿着漆盾牌，挎着的腰刀上有漆刀鞘。当韩信坐下来同你吃饭的时候，每个人面前会有一个长方形的漆案，上面放着盛有肉和面食的漆盘，还有喝酒、喝水的漆耳杯，还有人用漆琴、漆瑟、漆鼓、漆笙等为你们演奏乐曲。当时漆器的种类是不是很丰富呢？

漆弓　新石器时代
跨湖桥遗址博物馆藏

朱漆木碗邮票

世界闻名的湖南长沙马王堆汉墓中出土了 700 多件漆器，无论是谁，第一次看到它们的时候，肯定都有点不敢相信自己的眼睛，甚至还会发问："这真的是原件吗？"因为这些漆器都制作得太精美，保存得太完好了！尽管它们被埋在地下 2000 多年，可现在看起来依然跟新的一样。

会"讲故事"的漆器

古人制作漆器追求美观，并不是简单地涂涂漆就行了，而是要在漆的底色上再彩绘上人物、动物、花草、云彩等各种图案进行装饰。在丰富多样的漆器彩绘作品中有一幅人物故事画，

画得既精美又富有教育意义，我们一起来欣赏一下吧。

在安徽发现了一件三国时期的季札（zhá）挂剑图漆盘，最外边是两圈装饰画，有莲蓬、游鱼、白鹭啄鱼和童子戏鱼等内容。

你注意看那几条游鱼，不仅姿态都不一样，而且鱼身上色彩的呈现也富有层次——鱼的背部是深灰色，鱼的腹部是金色，鱼的鳞片、鳍和身上的斑纹用黑色的细线勾出，立体感极强，真是形象逼真，栩栩如生。

漆盘中间是最引人注目的部分，画面中一共站立了 3 个人，站在最前面、身穿红袍的是最重要的人。他刚刚祭拜过已经故去的友人，又很郑重地把身上佩带的宝剑挂在墓旁的一棵树上。他是谁，为什么要把宝剑挂在这棵树上呢？

原来这位年轻人叫季札，是春秋时期吴国国王的弟弟。他聪明好学，多才多艺，待人真诚亲切，所以人们都乐意和他交朋友。吴国国王看弟弟这么能干，又很受人们的欢迎和尊敬，就常派他到别的国家访问。

有一天，季札来到了洪泽湖边的徐国。徐国的国君早就听说了季札的学问和人品，而季札也了解到这位徐国国君是个很受人民爱戴的人，两个人一见如故，相谈甚欢。在谈话中，徐国国君不断称赞季札的剑术和他的宝剑，其实是想讨要季札的宝剑，可毕竟是第一次见面，也不好意思开口。季札多聪明呀，他从徐国国君的话语和表情中完全明白了对方的意思，本想立

季札挂剑图漆盘　三国
朱然家族墓地博物馆藏

刻就满足徐国国君的愿望，把宝剑赠送给眼前这位新朋友，可是他还要到另一个国家去，这宝剑是身份的象征，不能不佩带呀。想到这里，他暗暗下定决心，等完成出使任务后，再回来把宝剑赠送给徐国国君。

天有不测风云，谁也没有料到，季札同徐国国君告别后不久，徐国国君突然生病，不幸去世了。对一般人来说，既然对方已经去世，除了悼念也就不必再送什么物品了，可是季札完成访问另一个国家的任务返回徐国时，他想：既然我已在心中许诺要把这把宝剑赠送给徐国国君，现在不能因为他死了就违背承诺。于是在祭奠了徐国国君后，季札就把自己的宝剑挂在了徐国国君墓旁的树上。

古代工匠把“季札挂剑”的故事画在了漆器上，希望人们能够记住诚信是一个人非常重要的品德，每个人都应该将诚信看成是做人的根本。你喜欢季札的故事吗？你愿意把它告诉你的小伙伴吗？

不可小觑的髹漆技术

汉代以后，由于瓷器大量进入生活领域，漆器就转向工艺品方向发展了。唐代产生了一种雕漆工艺。“雕塑”“雕刻”这些词你一定不陌生，但漆怎么雕刻呀？这难不倒聪明又好动脑筋的古人，他们先做好一个木胎，然后在上面一层一层地刷漆，这称作“髹（xiū）漆”。请注意，不是不间断地髹，每髹一层都要放置几个小时，等到漆基本干了后，再髹一层，每天只能髹两三层。雕刻的内容不同，髹漆厚度也不一样，一般都要髹 150 多层。待漆达到一定厚度时，就可以进行雕刻了。

雕漆的纹饰具有层次分明、立体感强的效果，有非常高的观赏价值。如果髹的都是红漆，就叫“剔红”，如果髹的都是黑漆，就叫“剔黑”，当然还有剔绿、剔黄、剔犀、剔彩等。其中，剔犀一般使用两种色漆（多以红、黑为主），先把一种颜色的漆刷在胎上，刷到一定厚度后换另一种颜色的漆再刷，有规律地使两种色层达到一定厚度后，再用刀雕刻出回纹、云纹、卷草纹等不同的图案。虽然雕漆制品出现得比较晚，但它很快就成了人见人爱的工艺美术品，一直到今天，人们还对它青睐有加。

剔犀寿字云纹瓷胎尊　清
故宫博物院藏

漆还是好涂料

讲到这里，漆的一个大作用我还没有讲，你想到是什么了吗？给你点提示：你想想曾看见过的古代房屋的门、窗、柱子的表面是什么样子的？是不是都有比较厚的漆？我国传统的建筑都是以木材为主要建筑材料的，木材不仅怕火，还很怕水。长时间处在潮湿环境中，木材很容易生虫、腐朽。人们就将漆刷在门、窗和柱子表面用来防潮，而且刷得比较厚。建筑上的漆大部分都是彩色的，尤其以红色和绿色居多。这样一来，建筑物不仅得到了很好的保护，还更加美观，也便于擦洗，可谓一举三得。现在的很多建筑表面也要喷刷化工涂料，这和古代建筑物上刷漆有着异曲同工之妙。

中国的漆器和髹漆技术，从汉代开始就走出了国门，先是传到邻近的日本、朝鲜，后来经丝绸之路陆续传到了中亚、西亚、北非，还传到了欧洲一些国家。我们可以非常自豪地说，世界上制造漆器的国家，或多或少都受到了中国漆器的影响。

值得一提的是，现代科学研究发现，天然漆成膜后还具有耐高温、耐冲击、耐多种溶剂、防海洋生物附着和防原子辐射等性能，因此天然漆被运用到了交通、化工、航天等领域，它的潜在价值还有待于进一步挖掘。

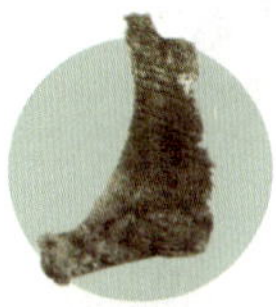

成绩

“成绩”原是古代纺织的一道工序

“成绩”这个词经常被大家挂在嘴边，比如“明天公布考试成绩”“学习成绩又有进步”“我们班同学的语文成绩都很好”等。对于一些英雄事迹或重大成就，人们往往会用“丰功伟绩”来形容。那么，你是否注意到“绩”字有个绞丝旁呢？这是不是意味着它和古代的纺织有关系呢？

最早的布

说到古代纺织，你知道我们祖先最早是用什么材料织布的吗？考古发掘告诉我们，我们的祖先最早是用葛藤的纤维织成葛布的。江苏草鞋山遗址就出土了五六千年前的3块葛布残片。

讲到葛布，大家可能会感到有些陌生。葛生长在我国气候

葛布残片

葛

温暖湿润的南方山区，为多年生藤本植物，花朵呈紫红色，根部可以食用。现在市场上就有葛根粉出售。

《诗经》中有一句“葛之覃兮，施于中谷”，意思是葛的枝叶长得又长又茂盛，山谷中都是它。诗人曹植作有“种葛南山下，葛藟自成阴”的诗句。这表明人们不仅采用野生的葛，还要大量种植葛以满足需要。

周代还专门设置了“掌葛”这样一个官职。掌葛负责征收和管理葛。从课本中你知道了越王勾践，当年他被吴王夫差放归以后，为了继续麻痹吴王，积蓄力量，就曾让大夫文种负责带领越国人种葛、采葛，最后织成了10万匹葛布献给吴王。这说明当年葛布的产量是非常大的。

葛布比较垂挺，不粘身，夏天人们穿葛布衣服会感觉格外凉爽。和其他衣料有精细、粗糙之分一样，葛布也有精有粗。古代将精细的葛布叫“絺（chī）”，供贵族穿用，普通劳动者只能穿被称为“绤（xì）”的粗糙葛布。宋代以后，棉花开始被广泛种植，除一些边远山区外，葛布渐渐退出了市场。

接长纤维有高招

比葛布稍晚一些出现的是麻布，浙江湖州钱山漾遗址就出土过 4700 多年前的苎麻布。天然的苎麻纤维长度平均在 10 厘米左右，而织布用的线却必须是又细又匀、长达几米才行。那怎样才能将麻纤维接长，而且还要接得均匀、牢固呢？这可是个大难题。人们总不能把一段一段的纤维用打结的方法接起来吧，有那么多疙瘩，还怎么织布呢？那时也没有用来粘连的胶水，即使有也不能用，不然织成的布遇水不就断开了吗？

聪明的古人在实践中有了高招，他们从搓绳索中得到启发，先用手指将麻皮，也就是麻纤维分劈成细细的麻丝（缕），然后将这根麻丝的头搭上另一根麻丝的尾，用手指搓动，就把它们捻在一起了。这样就可以把一根一根不够长的麻丝捻接成细长的麻线，用来织麻布了。这个捻接的过程就叫“绩”，也叫“成绩”。

也许你会想，就是那么用手指搓一搓，如果松开手了，麻丝会不会反转回去又重新散开呢？聪明的祖先自然注意到这个问题了，他们运用一种叫“加拈”的办法，非常完美地解决了这个问题。

在五六千年前，人们发明了一种看起来十分简单而工作原理却很科学的工具，它的名字叫“纺专”。它的整体形状像是一个倒着写的“T”,包含两个小部件：一个是扁圆形的、中间有孔的石片或陶片，大小和你的手掌心差不多，厚薄和你小拇指的厚度相仿，名字叫“纺轮”，也叫“专盘”；另一个是一根叫作“专杆”的短木杆，有10多厘米长，插在纺轮中间的孔中。

纺轮是用来旋转产生捻力的，专杆是用来卷绕捻制后的纱线的。人们将待捻的麻丝一头固定在专杆上，用手转动纺轮，专杆和专杆上的麻丝自然就跟着旋转了，利用这旋转的时机便可以将另一根麻丝捻上，捻接成麻线。

纺专

随着麻线越来越长，就在纺专停止转动时，将加拈过的线卷绕在专杆上，然后再次给纺轮加力，使它继续旋转加拈，接下来再盘绕，如此循环反复。纺专旋转所产生的捻力，比人手指的捻力更大、更均匀，而且因为纺轮的重量，还会产生重力牵引，这样接成的麻线，既避免了接头散开，也更适宜织布。当然，“成绩”的速度也大幅度提高了。

甲骨文中的这个（专）字形象地表现了当年人们加捻成绩的过程：像纱线在旋转加捻，表示加捻过的纱线绕在专杆上，代表用手转动纺轮。甲骨文的文字和出土的纺专实物十分相像。由于人们还可以用纺专将几股麻丝（蚕丝、棉纱）合并成一根更粗实的麻线（丝线、棉线），后来就派生出“专一”这个词。一道纺织工序，居然产生了不止一个词语，算得上是大有成绩了吧！

还要强调一点的是，看起来结构十分简单的纺专，竟然是现代纺织工业中纺锭的前身。远古的纺专和现代的纺锭有着相同的工作原理，古人实在太了不起了！这也告诉我们，在日常的学习和生活中，绝不可以忽视那些所谓的小事、简单事，一些小事中很可能包含着大道理！

镀金

“镀金”是金属器表面的装饰工艺

现在，人们有时会开玩笑地把留学称为“出国镀金”，有时还会将对一些事物的表面进行美化或者特殊处理形容为“镀金”，如一瓶葡萄酒在国际空间站中被放置了约 14 个月后回到地球，“身价”倍增，媒体报道时说这瓶葡萄酒到太空“镀金”了。而“镀金”这个词，原本指的是一种工艺，是一种主要对金属器物表面进行装饰的技术。运用这种工艺，人们就可以用很少量的黄金使一件器物变得金光灿灿，而且能使器物长时间不变色，很好地满足了人们对美的追求。

4000 年前的黄金制品

黄金特有的灿烂光泽吸引着人们的目光，而且黄金比较软，容易加工，所以它很早就受到了人们的喜爱。我国的考古工作者在甘肃玉门火烧沟遗址发掘了距今约 4000 年的金耳环，这也是我国目前所知最早的金制品。

进入商代后，金制品的数量明显增多，在北京、四川、河南等地都曾出土。四川广汉三星堆遗址出土的金面罩、金杖和四川成都金沙遗址出土的太阳神鸟金饰，更是世界知名的重要文物。

火烧沟遗址出土的金耳环

金面罩　商　三星堆博物馆藏

太阳神鸟金饰　商周
金沙遗址博物馆藏

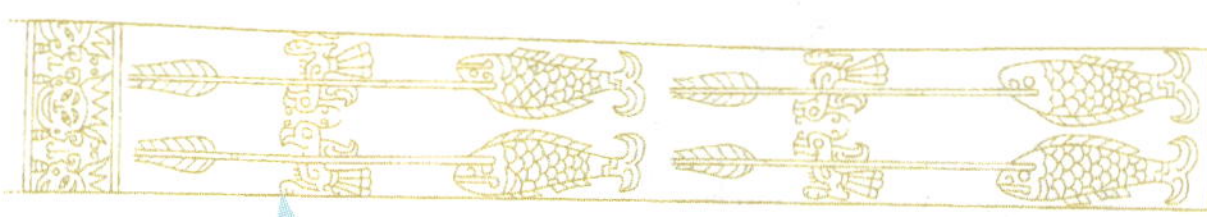

金杖图案

金杖　商　三星堆博物馆藏

黄金实在太难得

然而黄金是一种在地球上储存量非常稀少的贵金属，即使找到了金矿，开采金矿和提取黄金对古人来说难度也很大，一吨金矿石仅能炼出 5 克黄金。

商周时期，人们主要是采集河流中的沙金（风化后的金矿石被冲到河流中，经河水冲刷逐渐形成的一个个非常微小的金粒，被称为沙金），所以我国自古就有“沙里淘金”的说法。春秋战国时期的大思想家韩非在书中记载：“荆南之地，丽水之中生金，人多窃采金。”这句话是说楚国南部的丽水（今云南境内的金沙江）中有金子，很多人偷偷去采。古时候由于黄金的储量和产量远远满足不了人们的需求，所以镀金技术就应运而生了。不过当时并不叫“镀金”，而叫“鎏金”。

根据考古发现，目前所知我国最早的鎏金制品是战国时代

鎏金嵌玉龙首银带钩　战国　中国国家博物馆藏

鎏金对兽形铜饰　西汉

河北博物院藏

的鎏金车马饰、鎏金带钩等。到了汉代，鎏金制品大量增加。如果你到博物馆去参观，会发现几乎各个朝代都有鎏金制品。那么，鎏金是一种怎样的工艺呢？

鎏金五步曲

鎏金的主要材料是黄金和汞。工匠先将黄金打成极薄极薄的金箔（差不多是现在一张作业纸的五分之一那么厚），并将金箔剪成细丝。

做金箔

然后，按黄金与汞的重量 1:7 的比例，将剪好的金丝放入汞中，经过适当的加热和搅拌，黄金就完全与汞混合在一起，形态似泥膏状，人们称它为“金泥”。

做金泥

下一个环节叫“抹金”。人们用特制的扁头铜棍，将金泥均匀地涂抹在被镀物表面（被镀物的表面一定要清洗得非常干净，以免影响鎏金效果），而且要边涂边压，使金泥和被镀物紧密结合。

抹金

接下来就要用火烤了。工匠们将涂好金泥的物件在炭火上烧烤。由于汞的沸点远低于黄金，在烧烤过程中，汞便会从金泥中逐渐析出，变成汞蒸气挥发掉，被镀物的表面就仅留下黄金了。

烧烤

然后工匠们再用酸梅水、杏干水等呈弱酸性的液体清洗鎏金器物表面，用工具对鎏金表面进行磨压，使金层更致密、与被镀物结合得更牢固。

原本是铜质或者银质的器物，就这样“容颜”大变，变成金光闪闪的样子呈现在人们面前了。

古人不知汞有毒

因为有用炭火烧烤这个环节，所以鎏金也叫“火镀金”。又因为使用大量的汞，所以也叫“汞镀金”。必须要说明的一点是，汞蒸气是有剧毒的，古代工匠进行鎏金时，汞蒸气会通过呼吸道、皮肤进入人体，对人的身体健康造成非常大的伤害。然而，由于古代科学不发达，人们并不能认识到汞的危害。一些帝王为了追求长生不老，还专门请人炼制含有汞的丹丸，结果他们不仅没能长寿，反而早早丢了性命。大量事实说明科学知识是多么重要呀！随着科学技术的发展，100 多年前出现的电镀镀金工艺，使那些为大家带来精美艺术品的镀金工匠不再受汞的伤害。

火候

看“火候”凭的是经验

在日常生活中，人们常用“火候”一词来表示多种意思，比如与下厨有关的，指烧火的火力大小和时间长短时说“这还没全熟，欠点火候”“没掌握好火候，炒煳了”；当某种事情还不到参与时机时说“火候没到，再等等看”；用来比喻学艺不精时说“还欠火候，还要再下功夫”……其实这些都是对“火候”一词的延伸和泛用。

看火焰，知火候

火候的本义是人们观察到的火焰颜色。这个词源于我国古代工匠冶炼铜铁、烧制陶瓷时的生产实践，工匠们能够凭借经验目测火焰的温度。

你有没有注意到不同的物品，比如蜡烛、木柴、纸张、天然气等在着火的时候火光的颜色是不相同的呢？勤劳智慧的祖先，早就注意到了不同物质在燃烧时的火焰颜色不同，并非常成功地将这一发现予以充分利用。

2400 年前的《考工记》中就记述了人们冶炼青铜时观察到的火焰颜色："凡铸金之状，金与锡，黑浊之气竭，黄白次之；黄白之气竭，青白次之；青白之气竭，青气次之。然后可铸也。"这里的"金"不是黄金，而是铜。同样的道理，铸或刻在青铜器上的文字称为"金文"，而不叫"铜文"。这段话的意思是说冶炼青铜的时候，应当在熔炉中加入铜和锡，最先熔化、挥发的是那些污秽和杂质，这时的火焰颜色发暗发黑；接下来的火焰呈现为黄白色；随着炉温的升高，黄白色的火焰变为了青白色，青白色火焰又变为青色（这也是"炉火纯青"的本义），这时铜与锡的合金青铜就诞生了，人们可以开炉铸造各种器物了。

烧制陶瓷时，不仅离不开高温（大多是 1000℃以上的高温），还要精确地控制温度的高低：瓷器的烧制温度大多需要 1200℃以上，否则瓷土就完不成化学反应，瓷器就不能烧"熟"；而陶器的烧制温度稍低一些，大多只需要 800℃左右就可以了。

冶炼生铁时，炉温要达到 1100~1200℃，铁矿石才能熔化，生成液体状态的生铁。欧洲虽然在公元前 1000 年左右就已经使用铁了，可他们一直只能生产含有较多杂质的海绵铁（也叫块炼铁），直到 13 世纪都没炼出液态生铁，就是因为他们的炉温达不到要求。而中国在 2500 多年前就发明了鼓风设施，使用鼓风设施向炼铁炉内鼓风，就能大大增加氧气含量，炉温就上去了。温度够了，液态生铁就能冶炼出来了，从而能顺利浇铸铁器。

知火候，凭经验

无论是炼钢铁，还是烧制陶瓷都需要超高的温度，然而温度计直到 16 世纪才被发明出来，古代没有任何可测定并显示温度的器具，古人要炼、要烧的都在炼炉或者窑室内，人们要想准确掌握并控制炼炉或窑室的温度，就全凭看火候，也就是辨别火焰颜色。人们能精准地辨别火焰颜色，完全依靠在长期实践中积累的丰富经验。不妨向你举个炒菜的小例子：当你跟一位大厨学习炒菜时，问他应该放多少油、多少盐，他多半会说“油稍多，盐少许”。听他这么说，你能准确掌握放多少油、多少盐吗？还不是要多炒几次，慢慢摸索才能掌握油和盐的量。同样，古代的工匠要想掌握看火候的真本事，就要踏踏实实地跟着老师傅学习，一点一点地积累经验。总之，看火候听着好像有些玄妙，但它其实是有科学依据的。

再告诉你一个事实，我曾多次到瓷厂参观，看到那里虽然装有先进的高温测量仪器，但是在烧制瓷器时，仍然少不了看火候，高级技工更是“火眼金睛”，让人由衷地赞叹。

人们看火候看了很久很久，可是我们从唐代的笔记小说集《酉阳杂俎》中才第一次见到“火候”这个词。书中讲到一位将军家的饭食时说“物无不堪吃，唯在火候，善均五味”。这里的火候用到吃食上了，这也说明，火候一词的使用范围已经扩大了。

火从哪里来

火候讲的是看火，那你知道，人们是从什么时候开始使用火的吗？接下来讲一点古代在取火上的创造。

有专家认为，我国用火的历史可以追溯到约 170 万年前。云南元谋人的遗址中就有用火的痕迹。但要说明的是，由于时间太久远了，元谋人会使用火的说法，因为遗存数量少，且保存状况不佳，尚未得到学术界的一致认可。当前国内外学术界一致认为，北京周口店发现的烧骨、烧石等是中国古人类最早的用火遗存。考古人员还发现了当年“北京人”的火塘，也就是说“北京人”不仅能用火，还能控制火，他们集中在一个地方用火取暖、照明、烧烤兽肉，并让火长燃不灭。

“北京人”用的火当然是自然火，也许是雷击导致了林木起火，也许是天气干燥时，磷自燃引发了火。人们把火带回洞穴，小心地保护着。然而保留火种也不是一件容易的事，一旦下暴雨，大水冲进洞穴，火就熄灭了。要把用火的自由掌握在手中，人们就要寻找生火的方法。

远古人类使用的工具是石器、骨器和木器，人们在打制石器时，有时会迸出火星，这些火星偶尔会落到地上，可能把细小的干草弄个焦黑，这就给了人们启发。人们设法多弄出一些火星，用火星将干草点燃，于是就得到了火。

在北京周口店山顶洞人遗址中，人们发现了约 3 万年前的穿孔小石珠和穿孔小砾石。给石头穿孔可不是件轻而易举的事，一定是反复钻磨的结果，于是，有专家据此推断，山顶洞人可能已经会钻木取火了。

原始社会时期钻木取火的工具没有留存下来，我们不知道原始人钻木取火的具体方法。然而在我国一些少数民族地区还保留着多种钻木取火的工具，让我们能据此推断古人类钻木取火的方法。

在二十世纪六七十年代，我的一位同事深入到云南、海南进行考古调查，搜集到了不少钻木取火的资料。他还请黎族、佤（wǎ）族、傣族、拉祜（hù）族的同胞，分别用木板、木棍、竹片、小竹筒、草绒等完成了取火，成为钻木取火的实证。他们那些古老的取火工具，还被征集到博物馆里，作为民族文物受到保护、珍藏。

除了钻木取火，我们的祖先还创造了一种取火的方法，那就是向太阳取火。人们用青铜铸成一种圆形的镜子，镜面是凹面，这就是“阳燧”。古人将

黎族钻木取火工具　现代　海南省博物馆藏

阳燧的凹面对着太阳，照在凹面上的阳光反射在一个焦点上，焦点处放置容易被点燃的干草，不一会干草就起火了。20 世纪 80 年代，我在中央电视台少儿节目中讲阳燧的时候，曾现场用阳燧将纸烧焦。在陕西的考古发掘中，出土了西周时期的阳燧。古文献中还记载，西周在宫廷中设有专管阳燧取火的官员，名为“司烜氏”。这些都说明，至少在 3000 年前我国就用阳燧取火了。

据记载，当年还有冰燧，人们将冰块削出一个凹面，同样利用反射的原理聚焦取火，但只见于记载。

除阳燧、冰燧外，我国古人还曾用玻璃制作的凸透镜取火，安徽亳州曹操宗族墓，就曾出土聚光用的玻璃镜。

西周阳燧

我国许多古老的传说总会将一些重大发明归功于某个神话人物，如神农氏教人耕种，黄帝的妻子嫘祖发明养蚕缫丝的方法、教民纺织……那人工取火呢？战国时期的《韩非子》一书中出现了“燧人氏”，书中称他为圣人，说他“钻燧取火，以化腥臊”，此后“燧人氏”就成了人工取火的发明家。

曹操宗族墓出土的聚光玻璃镜

瓦解

“瓦解”了 才能入窑烧制

如果请你用“瓦解”这个词造句，你会怎么造呢？下面是用“瓦解”造的几个例句：我国春秋时期，奴隶制度逐步瓦解；人民解放军强渡长江，敌人的长江防线立刻就土崩瓦解了；中国的日益强大和出色的外交，使一些反华势力纷纷瓦解。

那么，一个事物、一种力量的崩溃、分裂、消亡，为什么要用“瓦解”来形容呢？有的同学可能会认为，瓦片都是用土烧制的，很容易被击碎、摔碎，所以就用它来形容了。这种认识说的是“碎”而不是“解”，因此是不准确的。要弄清“瓦解”的真正含义，我们要从古代制瓦的工艺流程讲起。

瓦是泥巴大圆圈变的

大家是否到陶吧体验过用陶车拉坯、制作陶器的过程呢？古代制瓦，也要先在陶车上拉坯，不同的是，那时的工匠每次拉坯做的不是一块瓦，而是一个泥巴大圆圈。等这个泥巴大圆圈阴干到一定程度时，人们会将其均匀地切分成三块或四块（也可以叫三等分、四等分），每一块都是弧形的瓦坯。等它们干燥后入窑烧制，一块块的瓦就制成了。将泥巴大圆圈等分切成瓦坯的过程就是“瓦解”。一个泥巴大圆圈，通过等分，在人们的视线中迅速变成了另外的模样，于是人们用“瓦解”来形容一些东西分裂、消失，是不是非常生动、恰当呢？

陶寺遗址出土的板瓦残片

早在4000多年前，我们的祖先就会烧制瓦了。在21世纪初，考古工作者在山西临汾陶寺发现了一座距今4300～4000年的古城遗址，这座古城有280万平方米，其中有高等级的建筑区，这里出土了板瓦（一种覆盖屋顶的瓦）残片。在此以前，我们看到的最早的瓦是商代的，陶寺遗址出土的瓦将我国用瓦的历史提前了1000年！

在现实生活中，我们见过老房子上的瓦，见过旅游景点建筑上的瓦，还在博物馆中看到过瓦……要知道，在建筑上使用瓦，可是建筑史上非常重要的一大进步呢。那么，建筑上的瓦除了防雨水，还有什么功能呢？

既实用又美观的瓦当

让我们先来认识一种叫“瓦当”的瓦。

中国一些传统房顶的前后两面都是斜坡，这样便于雨水快速流走。人们在盖房顶的时候，先在横梁上固定一排一排的椽（chuán）子，也就是和成人的胳膊差不多粗的圆木棍，然后在椽子上再铺席、盖泥，最后是覆盖房瓦。这样的房顶既保温又防水。不过，有一点不好的是，椽头是露在外面的，在风吹、日晒、雨打的情况下，容易朽坏。这时瓦当就派上用场了，它们正好能覆盖住椽头，对椽头起到很好的保护作用。

古代的瓦当有圆形的，也有半圆形的。最初，瓦当只要能覆盖住椽头就行了，然而古人既浪漫，又富于想象，他们还在瓦当上刻制图案或文字，这些图案和文字不但种类繁多，还具有一定的观赏性。

例如，他们会在瓦当上刻制“安乐富贵”“万年大吉”“益寿有福”“大汉万世”“单于和亲”“上林文官”“长乐未央”等，这些文字有的是人们喜闻乐见的吉祥语，有的则记录了一些重大事件。瓦当上的图案就更丰富了，有双鱼、奔鹿、青龙、白虎、朱雀、玄武、螺旋纹、水藻纹、万字纹等，种类比文字还多，且都是那么喜庆祥和，让人百看不厌。

“汉并天下”瓦当

双龙纹瓦当

原本只是为了保护椽头的瓦当，不仅有了装饰性，给人以美的享受，还有了丰富的文化内涵，成为我们研究古代手工业、工艺美术和社会风俗、风尚的重要实物资料。

大有讲究的琉璃瓦

除了常见的深灰色陶瓦外，我国还有一种十分漂亮的琉璃瓦。著名建筑大师林徽因曾赞叹：“本来轮廓极优美的屋宇，再加上琉璃色彩的宏丽，那建筑的冠冕便几无瑕疵可指。”而据建筑大师梁思成考证，在北魏时期，也就是距今 1500 多年的时候，古人在一些建筑的屋顶上就使用了琉璃瓦。还要强调一点的是，琉璃瓦是中国独有的。

琉璃瓦的烧制工艺和唐三彩(盛行于唐代的一种彩色陶器，釉彩以黄、绿、白三色为主，故名“唐三彩”)挺像的，也是先在1000～1100℃的温度下，烧制成白色的瓦坯，然后上彩色的釉，再入窑进行彩烧。琉璃瓦的颜色也大有讲究，不同的颜色有不同的寓意，比如黄色就不能随便使用。那么，不同颜色的琉璃瓦到底应该怎么用呢？让我们先从天坛的祈年殿说起吧。

不同颜色的琉璃瓦

天坛的祈年殿是一座有三层屋顶的建筑，现在我们看到的三层屋顶的琉璃瓦都是蓝色的。不过最初可不是这样的，明代嘉靖年间，祈年殿刚建成的时候(当时叫大享殿)，三层屋顶的琉璃瓦从上到下分别是蓝、黄、绿三种颜色，分别代表蓝天、皇帝和万物。到了清代乾隆皇帝时，三层都改成了蓝色的琉璃瓦，这里也更名为祈年殿（“年”的本义是五谷成熟，祈年就是祈求五谷丰登的意思）。

皇帝的专用色

黄色是等级最高的颜色，黄色琉璃瓦也只有皇家的建筑才能使用。如果你去故宫参观，就会发现那里的宫殿殿顶用的都是黄色琉璃瓦。当然，如果你细心寻找，也会看到覆盖绿色和黑色琉璃瓦的房子，这又是怎么一回事呢？原来覆盖黑色琉璃瓦的地方是文华殿后的藏书楼，叫文渊阁，里面存放着乾隆时期编写的大型丛书“四库全书”（该丛书有 36 000 多册）。书怕火，在古代黑色是象征水的，古人认为水能克火，所以他们在文渊阁的屋顶上覆盖了黑色的琉璃瓦。

覆盖绿色琉璃瓦的是南三所，俗称阿哥所，是当时皇子们居住的地方（皇子受封亲王后，则迁出此地，到皇帝赐予的王府居住）。绿色象征着青春、成长，这不正和皇子们相匹配吗？

要说黄色是皇家的专用色，有时也会有例外。在天坛有一个叫斋宫的地方，是皇帝到天坛祭天、祈福时斋戒的地方，俗称小紫禁城。按说皇帝住的房子的房顶应该用黄色琉璃瓦，可斋宫房顶覆盖的却是绿色琉璃瓦，这是什么原因呢？原来，皇帝到了天坛，他的身份就变了，在这里他就不是在紫禁城里说一不二的老大了，而是“天子”，也就是上天的儿子，必须要对上天恭恭敬敬，要格外谦恭，于是，他赶忙“降级”，把房顶改成了绿色琉璃瓦。看，小小的琉璃瓦居然能展现这么强烈的等级差别，就连唯我独尊的皇帝也得遵守。另外，再告诉你一点，由于等级的关系，除了庙宇、佛塔，百姓的建筑物是不能使用琉璃瓦的。

斋宫房顶的绿色琉璃瓦

金瓦是金子做的吗

还有一种比较奇特少见的瓦，叫“金瓦”。金瓦并不是用黄金铸造的，而是用铜铸造的，或者在铜瓦上鎏金。但无论哪种，在阳光照耀下都是金光灿灿的，显得格外神圣。

山西的五台山上就有一座唐代建的佛寺，因为覆盖了鎏金

承德避暑山庄房顶的金瓦

铜瓦，于是得名“金阁寺”。明代时，五台山上还建有广宗寺，广宗寺的中心建筑大佛殿覆盖的也是铜瓦，因此那里俗称“铜瓦殿”。清代乾隆年间，承德避暑山庄中也有覆盖鎏金铜瓦的建筑。另外，北京故宫的雨花阁上覆盖的也是金瓦。有机会的话，请大家一定要去这些地方参观，看看金瓦，感受一下它们在阳光下金光闪闪的魅力。

对于一座建筑而言，瓦只不过是其中的一种小构件。瓦最初的作用是防雨，然而，古人出于“物尽其用”和“尽善尽美”的美好愿望，不断想新点子，为瓦开发新功能，使平平无奇的瓦具有了特别的意义，有些瓦还成了博物馆中珍藏的文物。看来，认真对待所学知识和所遇事物，一件不起眼的事物也有绽放精彩的可能性。

陶瓷

“陶”器是中国人的发明

日常生活中，人们往往将“陶瓷”作为一个词使用，事实上，“陶”和“瓷”是两种不同的物质，它们在原材料、物理性能和烧制温度等方面都有很大的区别。不过，无论是陶还是瓷，我国都有许多享誉世界的艺术杰作，它们是中华文明史非常辉煌灿烂的组成部分。这里分作两篇，分别讲讲陶和瓷的艺术。下面先来介绍陶。

了不起的发明

你知道吗？地球上有大量的黏土，当用水把黏土调和成泥后，人们就可以将它做成各种形状，如揉成泥球、搓成泥条、拍成泥饼，或者捏成小碗、小鸟什么的，这是利用了黏土的可塑性。当人们把泥条、泥饼、泥碗等放到火里烧一段时间后，发现它们都变坚硬了，这是黏土在高温中具有烧结性的缘故。远古时，人类便在生活中发现了黏土的这两种性质，他们以黏土为主要材料，有意识地制作了罐、盆等器皿，经过火烧后就成了陶器。陶是人类的第一个发明，非常了不起。

我们的祖先是在什么时候开始制作陶器的呢？考古工作者在江西发现了距今约 20 000 年的陶器残片，这证明中国的陶器至少有 20 000 年的历史了。

对了，前面《“瓦解”了才能入窑烧制》中讲的瓦也是陶器。而我们在当下的日常生活中很少使用陶器了。陶质的花盆、泡茶的陶壶或客厅、书房里的陶质摆件，是我们能够接触到的常见陶器。

而古代陶器的种类、数量那就太多了，按照用途，可以分为蒸饭、煮饭的炊具，装粮食、放物品的盛贮器，吃饭、喝水的食器、水器，饮酒、温酒的酒器，到河里、井里汲水的汲器等，这些被统称为生活器具。此外还有画像砖、输水管、琉璃瓦等建筑材料，小陶屋、兵马俑、陶猪、陶狗等丧葬用品。

古代的陶器不仅具有实用性，还有很强的艺术性呢，一些陶器上的花纹和绘画以及那些生动的陶俑、陶兽都堪称精美的艺术品，它们不仅可以让我们得到美的享受，还能告诉我们许多好玩的故事。

“萌萌的”陶鼎

鹰形陶鼎诞生于距今约6000年的远古时期，它既是一件实用的容器，又是一件极为精致的艺术品。咱们先欣赏一下它的头部，那凸起的双眼和弯钩状的尖嘴，非常传神地表现了鹰的威猛之态。不过，它的样子一点也不可怕，反倒有点“萌萌的”。再看它的双腿，多么强壮敦实呀，工匠还巧妙地将它的尾部垂落于地，和两足构成了稳固的三点式支撑，整件器物就能非常安稳地站立了。

6000年前的古人肯定不懂得三点支撑的好处，然而他们在实践中却摸索运用了这方面的知识，真是聪明！不过，你发

鹰形陶鼎　新石器时代　中国国家博物馆藏

现了吗？这只鹰的身躯比实际的鹰要肥胖许多，这是为什么呢？这属于艺术的夸张手法，因为这样才能多放水或者食物呀。鼎是我国古代煮食物的炊器，这种肥硕的体形可以加大器物和火的接触面积，更容易将鼎内的食物煮熟。

这件鹰形陶鼎因为高超的艺术性而获得了我国“申奥大使”的特殊身份。你一定好奇，古代的陶器怎么能成为大使呢？原来在 1992 年，时任国际奥委会主席的萨马兰奇先生专程来中国，讨论中国申办奥运会的事情，并商议和挑选了 8 件有代表性的中国文物到瑞士奥林匹克博物馆展出，这件鹰形陶鼎就是其中之一，它一亮相，就受到了世界各国人民的喜爱。

世界第八大奇迹

再来说说举世闻名的秦始皇陵兵马俑吧，它被联合国教科文组织列入《世界遗产名录》，被誉为“世界第八大奇迹”。我们现在看到的兵马俑，只是其中的一小部分，更多的兵马俑还被埋藏在地下。据专家研究，如果把所有的兵马俑都挖掘出来，总数可能会超过 8000。一个陶俑重 100 ~ 300 千克，要制作 8000 多个陶俑，需要的泥土都可以堆成一座小山了。仅仅是把这些泥土调和、炼制成能雕塑的泥巴，得需要多少人工？再把这么多的泥巴塑造成一个个陶俑，该是多么巨大的工程啊！

这些陶俑制造技艺高超，造型十分生动。那它们是怎么被制作出来的呢？工匠们首先会分别制作陶俑的头、手和躯干等部件，然后再将它们组装到一起。其中最难制作的是俑头。制作俑头时，工匠们先用模子做一个粗胎，然后塑造出人的后脑勺，再粘贴上耳朵、头发、帽子、胡须，接着就是细细地刻画眉毛、眼睛、鼻子、嘴巴。在制作过程中还要塑造出不同的脸庞和不同的神态。这些陶俑从身份上讲有将军、武士，从年龄上讲有老年、壮年、青年，从神态上看有的诚实质朴，有的聪明伶俐，可以说是千人千面，几乎无一雷同。

秦始皇陵兵马俑

每个陶俑身上铠甲的制作也是一丝不苟，铠甲上的甲钉疏密有致，丝毫不差，甚至能让人感受到衣袂的飘动。我在仔细端详它们的时候，还特别注意到了它们的头发，不仅一丝一缕清晰可辨，而且发型还多种多样，因人而异，有螺旋纹式、波浪式等，实在是太逼真了。

这些陶俑被塑造好以后，还要慢慢晾干，然后再用火烧。

工匠们将它们放在一个叫陶窑的大房子里，窑里的温度要在1000℃左右，火候不到就烧不“熟”，会产生胎体疏松、色泽不一等情况。因为它们的体腔都是空的，最薄的地方只有一厘米左右，温度过高就会出现裂纹或变形，甚至会爆裂。当时没有温度计，控制火候，那可全凭工匠的经验了，你说容易吗？

最初，这些陶俑的脸和手是白中泛红的自然肤色，眼珠、睫毛、眉毛、胡须、头发均为黑色。它们穿的衣服有枣红色、粉红色、紫色、天蓝色等，真是多彩多姿，美轮美奂。这些色彩全都是当时民间服装的流行色呢。

那为什么我们今天看到的陶俑都是灰扑扑的，没有丰富的颜色了呢？有人可能会说，因为时间太长了，所以颜色脱落了。那 6000 年前的陶盆花纹的颜色怎么还没脱落呢？真的是这样吗？

漂亮的彩陶

由于各地黏土的化学成分不完全一样，烧制时的火候也不同，所以各地烧出来的陶器在颜色上也有差异。根据颜色的不同，我们把陶器分为红陶、灰陶、黑陶和白陶。鹰形陶鼎就是黑陶。除了这些自然形成的色彩，人们有时还会对陶器表面进行装饰，于是又有了彩陶、彩绘陶和釉陶等。下页这件 6000 多年前的船形彩陶壶就属于彩陶。

这件陶壶被塑造成形后，先不入窑烧制，工匠们用赤铁矿研磨出的红色颜料在壶身上绘制网纹，再用光滑的小鹅卵石或小竹片在绘有图案的部位压磨，使颜料的颗粒嵌入陶坯（陶器入窑烧制前称陶坯，烧制后才叫陶器）内，然后再把它放入窑内烧制。这些颜料就在高温的作用下与坯体烧结在了一起。所以几千年过去，上面的颜色丝毫没有脱落。

兵马俑的烧制和这件陶壶不太一样，它们烧成后，工匠会先在俑的表面涂一层生漆，然后借助生漆的黏合力把颜料刷上去，这些颜料并没有进入到兵马俑体内，而是浮在体表的。兵马俑在地下埋藏了 2000 多年，再加上各种因素的侵蚀，因此颜色大多都脱落了。为了和彩陶区分，兵马俑这样的陶器就叫彩绘陶。

船形彩陶壶　新石器时代　中国国家博物馆藏

著名的唐三彩

那釉陶又是怎么一回事呢？顾名思义，釉陶就是在陶器的表面有一层像玻璃一样的釉，在介绍“瓦解”一词时讲到的琉璃瓦就属于釉陶。釉陶里最著名的就是唐三彩了，下面就以这件驮载着物品的骆驼俑为例，说说它是怎么烧成的吧。

工匠们首先会塑造骆驼俑的坯，经过1050℃左右的窑火烧成白色素胎，然后在素胎表面涂上含有铜、铁、锰、铅等金属物质的釉料，再入窑进行第二次烧制。在烈焰中，釉料熔化，各种色彩互相渗透融合，形成了斑驳陆离的色泽，其中黄、绿、白是比较常见的色彩，此外还有蓝、褐、红、黑等色。所以唐三彩的“三”字是表示“多”的意思，而并非只有三种颜色。

说到这里，有两点请大家特别注意：一点是许多人认为唐三彩是瓷器，或者说它是陶瓷，这是错误的，唐三彩其实是釉

载物骆驼俑　唐
陕西历史博物馆藏

陶；另一点是唐三彩的用途，唐代人将制成的人俑和动物俑唐三彩作为随葬品使用，仅有少量作为日用品和建筑材料。

如果你在一些电视剧或图画中看到皇帝的书桌上摆放着唐三彩马，那肯定是错误的，随葬品怎么可能出现在皇帝的书桌上呢？现在有些人在家里摆放唐三彩，是因为人们改变了观念，把唐三彩当成了艺术品。

古人有“事死如事生”的观念，也就是他们认为自己死后还应该享受生前的生活，于是，有人把生前用过的物品放入自己的墓中，有人制作模型放入墓中。你在博物馆中看到的那些陶俑、陶屋，还有刚刚说到的唐三彩，都属于后一类。

当然啦，这些东西虽然是模型，但都是按照当时生活中的情景、物品制作的。一些陶质明（冥）器（当然还有其他材质的明器），就成了我们认识古代社会的一种形象资料，具有非常重要的历史价值。在有文字记载的时代，这些明（冥）器可以和文字互相印证，若没有文字记载，它们就填补了历史的空白。

珍贵的陶器实物资料

当然，有重要历史价值的并不仅仅是陶质明（冥）器。还以前面提到的船形彩陶壶为例，我们都知道，6000 多年前的渔网早就烂掉不存在了，但考古发掘发现了距今 6000 年左右的渔网用的石网坠，船形彩陶壶上画的渔网也有网坠，把这两者结合起来，我们就可以说6000多年前，人们就用渔网捕鱼了。

又如，浙江萧山跨湖桥遗址出土了一件像陶盆一样的器物，它的底部有许多黄豆大小的圆孔，这些圆孔规整、均匀，原来是一件陶质蒸屉，人们给它起名叫“甑”，使用时和它配套的还有陶釜（也就是锅）和支架。这件陶甑的出土，让我们认识到，在7000多年前，我们的祖先已经懂得利用蒸汽把食物蒸熟。这是中华民族对全人类的又一个贡献。我给同学们讲过“中国人蒸熟了世界上第一碗米饭”的故事，因为水稻也是中国最早培育的。

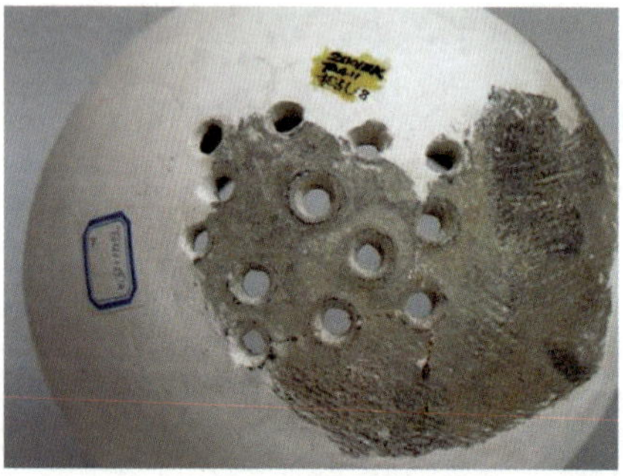

跨湖桥遗址出土的甑

咱们再看看这件东汉时期的绿釉陶水亭，这是仿照墓主人生前建在水中的一处娱乐场所而烧制的。最下面的圆形部分象征一

绿釉陶水亭　东汉

中国国家博物馆藏

片宽阔的池塘，池塘边的鸭、鹅好像刚刚从水中上岸，正在抖掉身上的水珠。一座漂亮的凉亭从水中拔地而起，它分为两层，第二层还修建了围栏，是人们的主要娱乐场地。亭子中间有三位演员：一人扬袖起舞、一人引吭高歌、一人弹琴伴奏。主人和亲友们靠着栏杆欣赏演出。除了这几个人，围栏的 4 个角旁还各站着一个人，手里举着东西向远处张望，你猜猜他们是干什么的？他们手里拿的好像是弓箭，原来他们是在执行警戒、护卫的任务。池塘边那守着马的人和他们身份相同。按说，听歌、看舞应该是很开心、很放松的事情，怎么还要这么多人进行安全保卫呢？而这些人又是什么身份，是主人雇用的“保安”吗？其实，这件文物形象地反映了东汉时的一种社会状况：一些有钱有势的豪门大族，为了保护自己的财富，都组建有相当规模的私人武装，形成了地方上的分裂割据势力。

文物展现的这种情景和历史的记载是相当吻合的。咱们再从建筑的角度来欣赏这座水亭。早在 2500 多年前，我国南方水乡地区便开始在水中建造亭阁，营造清风习习、水光月色的美好景致。这种建筑一般都是木结构，其中有一种堪称世界独有的构件——斗拱，你仔细看看水亭围栏下边那些像“山”字形的部件，那就是斗拱。它们是用一些短木块巧妙插接起来的，主要起承重作用。

就拿水亭的围栏部分来说吧，它好比现在楼房的阳台，这部分就是依靠斗拱的支撑而承重的。同样的道理，有了斗拱就可以使屋檐前后伸出，给房屋遮阳挡雨。但令人遗憾的是，汉代的建筑早已荡然无存，这件陶水亭就成为我们了解、研究汉代建筑的珍贵资料了。

看到这里，你对陶器的认识会不会有了一些变化，对它们的实用性、艺术性和历史价值是不是有了更深层的理解呢？今后再到博物馆参观的时候，建议你在那些陶器面前多停留一会，多观察观察，很可能会有新的收获。

陶瓷

中国“瓷”器响当当

中国素有“瓷国”之称，瓷器是我国的一项伟大发明，对人类文明的进步有着重大贡献，在世界上享有很高的声誉。英文中的“中国”和“瓷器”是同一个单词,和中国同名的器物,只此一例。

“瓷”和“陶”有区别

瓷器是在制陶工艺长期发展的基础上诞生的，瓷器和陶器主要有以下 4 个方面的区别。

首先，原料不同。陶器的原料是黏土，而瓷器的原料是瓷土。瓷土的主要成分是三氧化二铝和二氧化硅。瓷土经过高温烧制后，具有透明性或半透明性。

其次，烧成温度不同。瓷器的胎体必须经过 1200 ~ 1300℃

的高温焙烧才能烧制成功，而陶器的烧制温度是 800 ~ 1000℃。

再次，物理性能有差异。陶器的胎体疏松，具有一定的吸水性。如果你找一块破瓦片放到水里，不一会就能看到水中冒气泡，这就是因为瓦片吸水后将其中的空气挤出来了。而瓷器的结构致密，不具有吸水性或吸水性较差，敲击瓷器还能发出清脆的声音。

最后，表面有无釉。陶器表面大多没有釉，即使有釉，也是在陶器烧成后再施上去的低温釉，如唐三彩、琉璃瓦。而瓷器表面有一层玻璃质的釉，是在高温下和胎体一起烧成的。

历史悠久的瓷器

和其他事物一样，瓷器也有一个漫长的发展过程。

在距今约 3500 年的商代早期，我国就烧制出了瓷器，河南郑州、湖北黄陂、江西樟树等地，都在考古发掘中出土了那个时期的瓷器。但由于当时制瓷的技术水平还不高，那时的瓷器上面有不少杂质，釉色也不稳定，和后来的瓷器相比，有明显的原始性，所以称它们为“原始瓷器”。由于其胎体特别是釉色都呈豆青色，也被称为“原始青瓷”。

原始青瓷四系罍　西周
首都博物馆藏

随着原料加工和烧制技术的不断改进，在东汉时期，浙江地区烧制出了器型规整、瓷胎坚硬、釉层均匀、釉色稳定的青瓷器，标志着我国瓷器进入了成熟阶段。

三国两晋南北朝时期，我国制瓷业迅速发展。瓷器的质地更好，数量激增，品种繁多，无论是茶具、餐具、灯具、容器，还是文房用具，人们生活中处处都有瓷器的身影。看这件三国时期吴国的青瓷熊灯，上面有一只抱着头的幼熊，幼熊头顶灯盘，憨态可掬，非常可爱。当时的工匠们还烧制出了白色的瓷器，这是制瓷技术上的又一个重大突破，为后来彩瓷的出现奠定了基础。

白瓷烧制技术的完全成熟是在隋代，而它的迅速发展则在唐代。下页这件隋代的白瓷鸡首壶就是当

青瓷熊灯　三国　中国国家博物馆藏

时的佼佼者。这件鸡首壶的壶体修长，肩部的一侧是鸡首形状的壶嘴，那是一只雄鸡，它昂着头正高声啼叫，眼睛瞪得圆圆的，特别活灵活现。另一侧是龙形的壶柄，龙身直直的，龙口衔着壶的口沿，你猜猜看，它是要饮壶中的水，还是向壶中吐水呢？鸡首和龙柄之间设置了环式双耳，在肩、腹部还有一道道纹饰。这件白瓷壶既有实用价值，又是一件令人赏心悦目的艺术品！

宋代时，我国制瓷业发展更加繁荣，到目前为止，我们发现了1000多处宋代的瓷窑窑址，知名的有河南汝窑、钧窑，河北定窑、磁州窑，浙江龙泉窑，江西景德镇窑等。此外，还有官窑（也叫御窑）。据记载，宋徽宗的时候，朝廷又出钱又出人，建设了官窑，专门为宫廷烧制皇室日用器皿和艺术品，这里集中了全国最高超的技艺，再加上雄厚的资金，烧制的瓷器特别精美。

白瓷鸡首壶　隋

中国国家博物馆藏

元代时，人们最喜欢有蓝色花

纹和红色花纹的瓷器，它们被称为青花瓷和釉里红，都属于釉下彩。顾名思义，釉下彩指的是瓷器的花纹不是在釉层的表面，而是在釉下。它们的制造方法是，先在瓷胎上描绘花纹，然后施上一层透明釉，再放入窑中一次烧成。那些花纹有了这层釉的保护，它们的颜色长久都不会脱落。

釉下彩在中国陶瓷史上可是个重大发明。釉里红是元朝出现的新品种，而青花瓷则在唐宋时就已经出现了，不过到元代时才得以大量生产，这是为什么呢？原来这跟不同时期人们的审美观念有关，青花瓷的白底蓝花，就好像那蓝天白云，十分符合当时人们的审美情趣，因而成为广泛使用又影响深远的瓷器品种。

萧何月下追韩信

这是一件元代的青花瓷梅瓶，上面画了两个场景：一个是头戴官帽的人，在月色中正挥动马鞭，策马疾驰；另一个是年轻人，手执马缰绳，正在河边徘徊。渡河还是不渡河？他看上去十分犹豫；远处的老艄公，似乎在期待这单生意。这两个场景表现的可是一个重要的历史故事呢，那就是“萧何月下追韩信”的故事。

这个故事发生在公元前 206 年，萧何是汉王刘邦的丞相，韩信是汉营一个管理粮草的小官。萧何结识韩信后，认为他是不可多得的人才，于是一而再、再而三地向刘邦推荐韩信，希望他能得到刘邦的重用，然而刘邦却听不进萧何的话，一直没有重用韩信。韩信面对刘邦的冷落，一气之下离开了刘邦的军营。萧何得知后，赶忙骑马去追了。后来，韩信被追了回来，得到了刘邦的重用。韩信也不负众望，带兵打败了项羽，帮助刘邦建立了西汉。

青花萧何月下追韩信图梅瓶　元
南京市博物总馆藏

这件梅瓶身上除了描绘故事场景，还点缀着松树、竹叶、梅花、芭蕉、山石等纹饰，梅瓶肩部还绘有缠枝莲花纹。整体看来，这件梅瓶无论是造型、釉色，还是纹饰、烧制工艺，都达到了炉火纯青的地步，体现了工匠们精妙绝伦的技术。

青花瓷一问世，就受到了世界各国人民的青睐。据统计，现在全世界已发现的元代青花瓷器有 400 多件，我国藏有 200 多件，其余的被土耳其、伊朗、日本、英国、美国等国家的博物馆收藏。

明清时期的青花瓷，同样走向了世界，郑和七下西洋携带的物品中，就有大量的青花瓷。可以说，青花瓷在世界各地深远、广泛、持久的影响，是其他瓷器无法比拟的。

瓷都在哪里

从明代起，景德镇成为中国瓷器生产的中心，有了“瓷都”之称。景德镇为什么会被称为“瓷都”呢？首先和它的自然条件有关。

景德镇附近的高岭村有大量的优质瓷土，质地细腻，耐高温，煅烧后颜色洁白，是烧制瓷器的理想原料，因为产自高岭村而被称为“高岭土”。现在，人们将各地制瓷的瓷土都称为高岭土，这甚至成了国际通用的名称。

其次，古代瓷窑要燃烧大量的木材，景德镇周围多山，林木茂盛，可以为制瓷提供充足的燃料。

再次，这里有便利的水资源。景德镇位于昌江南岸，古代水路运输可比陆路运输更加快捷、经济，装载瓷器的货船从昌江进入鄱阳湖，再运往其他地方。

最后，这里还可以引江水冲击水碓（duì，利用水力帮助粮食去壳的器械，也可以用来粉碎其他物品），粉碎和淘洗瓷土。有这么好的条件，景德镇吸引了全国各地的能工巧匠来此发展，制瓷技艺不断进步，也是自然而然的事情啦！

景德镇原来并不叫景德镇，而叫昌南镇，北宋初期，这里的工匠们不断创新，烧制出了一种既不是纯青色，也不是纯白色的“青白瓷”，色泽特别淡雅，一下子大受追捧，小镇也名声大振，北宋政府马上将昌南镇改名为景德镇。“景德”可是皇帝的年号，一个制瓷小镇和皇帝的年号同名，这绝对是一种殊荣。

到了元代，景德镇又烧制出了青花瓷和釉里红。明代的皇帝特别看重景德镇，从朱元璋开始就在景德镇设立御窑厂，专门为皇室烧制御用瓷器，并投入大量资金，进一步吸引了各地优秀的工匠。清代延续了明代的御窑厂。因为有了皇家的介入，景德镇的制瓷业如虎添翼，不断烧制出优质的瓷器。

景德镇的宝贝

景德镇既然有明清时期的御窑，下面就介绍两件御窑烧制的瓷器吧。一件是一只重量不过 60 克，体积还没有你的拳头大的小酒杯，它在 2014 年香港的一次拍卖会上，被拍出了 2.8 亿港币（约合人民币 2.57 亿元）的天价。这只酒杯出自 500 多年前的明成化年间，它有什么特别之处呢？咱们仔细欣赏一番吧。

首先说一下它的名字，虽说是酒杯，可它的壁很矮，上口微微向外敞，口以下逐渐内收，形状有些像缸，上面的花纹又是鸡，所以就被称为“鸡缸杯”。杯上描绘了雄鸡、雌鸡和三只雏鸡一家非常温馨的生活情景：雌鸡正在低头觅食，三只小鸡围绕在它旁边，张口展翅，似乎在等待着美食，雄鸡走在前面，正引颈高歌。在酒杯的另一面还有一个情景：转过玲珑的太湖石和清幽的兰花、娇艳的月季，上一个情景继续啦，雌鸡觅得的原来是一只不甘送命的大蜈蚣，它正在极力反抗，引得雌鸡振翅用力啄，两只雏鸡赶忙去向雄鸡报信，引得雄鸡回首张望，关爱之情跃然杯上，另一只雏鸡很勇敢，使劲蹬着小腿，张着翅膀，一副跃跃欲试要去帮助妈妈的劲头，看上去十分可爱。

画家通过鸡一家的状态，表现了生活中的美好。画家的艺术手法也非常值得称赞，两组画面仿佛是连环画，那些奇石、花卉，既是整个画面的组成部分，又成为两幅画之间的隔断，构思极其巧妙。

如果能有机会用手摸摸鸡缸杯上的花纹，你会摸到鸡的身

鸡缸杯

体，雄鸡的鸡冠，月季的红花、绿叶，总之，蓝色以外的部分，你摸上去都能感觉到，然而鸡嘴、鸡爪、太湖石等蓝色部分，你用手摸就感觉不到了，这是为什么呢？

这是一种被称为“斗彩”的制瓷工艺。斗彩也叫“逗彩”，指的是釉下釉上均有色彩，釉下的色彩同釉上的色彩交相辉映，争奇斗艳，所以就叫“斗彩”了。

接下来咱们再看下页这件名叫“霁（jì）青釉金彩海晏河清尊”的瓷器。“尊”是形体较大的瓷器，不仅端庄大气，还有尊贵、尊重的含义。这件尊的双耳是一对白色的展翅剪尾燕子，“燕”与“晏”谐音，“晏”的意思是平静，“海晏”就是沧海波平的意思。

再看釉色、花纹，它表面施有宝石般的蓝色彩釉，蓝色象征清澈的河水，也就是“河清”，“海晏河清”寓意着天下太平，国泰民安，这是人人期盼的好时光。

瓷尊的底部有粉彩莲花瓣，每片莲瓣的色彩都有浓有淡，充满自然生机。你发现了吗？在莲瓣之间还有莲蓬呢，上面的莲子个个饱满，似有突出画面的感觉。这一周莲瓣纹的设计是非常出彩的，一方面在颜色上它很亮丽明快，显得瓷尊非常华贵，另一方面莲花出污泥而不染，用来比喻人品德高尚。

在尊的颈、肩、腹这几个部位，还有用金线描绘的缠枝莲花纹，这种纹饰连绵不断，有“生生不息”的美好寓意。总之，这件瓷尊无论是胎料、釉色，还是造型、色彩，都达到了

霁青釉金彩海晏河清尊　清　中国国家博物馆藏

制瓷工艺的最高水平。

这件瓷器属于粉彩，这是康熙时期景德镇制瓷工匠创造的一个新品种。工匠们将一种叫作玻璃白的乳白色粉末加入彩料中，可以将任何一种彩料调和成一系列浓淡不同的色调，如这件瓷尊莲瓣的粉红色，就由深到浅呈现了桃红、水红、粉红和浅粉等色调，使画面更有真实感。

中国瓷器太“牛”了

早在 2000 多年前的汉代，中国瓷器就传到了邻近的一些国家和地区。到了唐代，瓷器成为远销到亚非地区的主要物品。瓷器和丝织品相比又重、又容易破损，所以并不适合在陆地上进行大量和长途运输，因此它的输出主要靠海运，一条“海上陶瓷之路”应运而生，广州、泉州、明州（今宁波市），都曾是运销陶瓷的重要港口。

当时，每一条海船都要装载上万件瓷器，有学者估计，仅从1602年至1682年，中国运到欧洲的瓷器就多达1200万件，请注意，这里讲的只是欧洲，而且仅是明代后期到清代初期的80年间。那自唐代以来的1000多年间，运到世界各地的瓷器，你能想象是什么样的一个数字吗？

中国的瓷器不仅出口数量多，更对世界文明产生了极大的影响。就以餐具为例吧，在我国的瓷器输入之前，有些落后的国家和地区曾用植物的叶子做食器，而欧洲或是用金银餐具，或是用粗笨的陶餐具。金银餐具太昂贵，只有贵族才能使用，而粗笨的陶餐具有吸水性，容易滋生病菌，储存在里面的食物很容易变质。中国的瓷餐具清洁卫生，成为许多国家餐具的首选。中国的瓷器事关饮食和健康，你说它的功劳大不大？

中国瓷器的艺术性也不可忽视，大多数瓷器都具有极高的欣赏价值。有些外国人，特别是欧洲人，非常喜欢用中国瓷器作为室内的陈设品，用来装饰、美化生活环境。在欧洲，拥有一件中国瓷器，一度还成了身份和品位的象征。有的贵族在家中举行宴会，要安排专人看守餐桌上的中国瓷餐具，防止有人顺手牵羊。最奇葩的一件事情发生在1717年，波兰国王奥古斯都二世因为对中国瓷器十分痴迷，竟然用600名骑兵换取了普鲁士国王收藏的151件康熙时期的青花瓷器，而那些骑兵后来成为普鲁士的一支劲旅。

还有一个非常有趣的现象，在清代晚期，亚洲、欧洲市场上出现了许多“山寨”的中国瓷器。20世纪90年代，我在北京参观一个展览，展品就是中国瓷器和各国仿制的中国瓷器，“山寨”瓷器在器型、颜色和花纹上几乎和真的一样。30多年过去了，我还清楚地记着有嫦娥奔月、司马光砸缸等图案的瓷盘、瓷瓶等，当时我置身在那个展厅中，感觉中国瓷器太“牛”了！

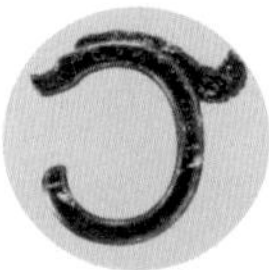

琢磨

玉不“琢”不成器

同学，你平时会认真思考、琢磨（zuó mo）一些事情吗？当你写完一篇作文后，会默读两遍，琢磨一下哪些词句需要润色吗？当你遇到比较难解的题目时，会开动脑筋、积极思考、找出答案吗？今天的琢磨一词有思索、考虑的意思，那你知道这个词的本义是什么吗？

美丽的石头

《诗经·卫风》中写道：“有匪君子，如切如磋，如琢如磨。”这里的切、磋、琢、磨，指的是对不同的物质进行加工。加工骨头叫“切”，加工象牙叫“磋”，加工玉器叫“琢”，加工石器叫“磨”。这四种物质质地都很坚硬，加工起来十分费力气，要下些功夫。所以，人们用加工这些物质来形容君子的好文采并不是轻而易举就能得到的，要经过不断地“打磨”才行。随着上面这句诗的“流行”,“切磋”“琢磨”这两个动词也就产生了。

现在，我们知道“琢磨”这个词和玉石有关，那就先来了解一下玉石吧！如果将石头看作一个大家族，那玉则是其中一个成员。这个成员最突出的特点就是美丽、漂亮，东汉一位叫许慎的大学者曾评价玉是“石之美（者）”。

人类自诞生以来就一直在和各种石头打交道：住在山上的石洞中，用石头打猎，用石头制造工具、制造兵器、垒房子、铺道路……渐渐地，我们的祖先发现有的石头特别坚硬，有的石头看上去晶莹剔透，还有的石头有漂亮的颜色，后来他们就给这类石头起了一个名字，称它们为“玉”。

玉为什么会有漂亮的颜色呢？这是因为它们含有微量的金属元素。其基本色调有白、青、绿、墨、黄、褐、灰等色。不同的金属元素会让玉呈现不同的颜色，如氧化亚铁使玉呈现淡

精美的玉石

绿或墨绿色，氧化锰使玉呈现黑色或灰色。而且金属元素含量不同，也会导致玉的颜色不同，含量少，颜色就浅一些，含量多，颜色就深一些。

琢磨成器

因为成分特殊，玉比普通的石头更为坚硬，玉的加工方法和加工用具也就十分特殊。西汉时期的《礼记》中就有“玉不琢，不成器”的记载，这说明只有经过“琢”这道重要的工序，玉石才能成为玉器。那对于这一个步骤，制玉师傅们是如何操作的呢？

首先，制作玉器的师傅要先按照设计图纸对玉石进行切割，并将玉石加工成一定的造型，这一步被称为“磋切成坯”。完成后，这件器物的大致形态就会显现出来，制玉师傅也就获得了一件“坯”。此时，这件“坯”上还没有纹饰。接下来就要进入“琢”的步骤。这是“玉坯”变成“玉器”的关键，也是最考验制玉师傅技术的环节。

下页这张图描绘的就是制玉师傅在琢玉的场景，只见他用双脚踩踏着踏板，带动轮轴快速旋转，轮轴上安装着砣（tuó）具，这些砣具是铁质的，有大有小，形状也不同，制玉师傅根据要雕刻的纹饰的深浅、粗细来选用相应的砣具。

轮轴旋转起来有很大的摩擦力，只见制玉师傅左手拿着玉坯，右手用食指不断地从容器中蘸取用水调和过的金刚砂，将其放置在需要雕刻的玉坯上，金刚砂比玉的硬度大，借助它，制玉师傅就能在玉坯上刻出好看的花纹了。看到这里，你明白“琢”的含义了吧？“琢”就是“反反复复地磨”的意思。不经历成千上万次，甚至几十万次、上百万次的琢磨，质地再好的玉石，也不可能变成精致的玉器。

《玉作图》中的制玉师傅在琢玉

各式各样的琢磨工具

既然琢玉用的砣具是铁质的，那在没有铁的时代，难道古人就不会对玉石进行琢磨了吗？其实，我国琢玉的历史比使用铁器的历史要悠久得多。从考古发现来看，今天的辽宁地区出土了距今约 8000 年的玉玦等装饰品，以及斧、锛（bēn）、凿等生产工具，这是目前所知最早的有琢磨痕迹的玉器。到距今六七千年的时候，玉器的使用范围扩大了，内蒙古、河北等地都有玉器出土，并且玉器种类也更丰富了，有斧、刀等工具，有璧、环等装饰品，有鱼、蝉、鳖等动物图案的摆件。其中最有名的是有“中华第一龙”美誉的玉龙，这件玉龙高 26 厘米，身体呈 C 形，额头至颈后披着长长的鬣毛，颇有动感。

到了距今 5000 年左右的时候，生活在中华大地上的古人开始大量制作玉器。从考古发现来看，这个时期的玉器数量大增，且这些玉器上大都有漂亮的纹饰，制作极为精美，有些堪称鬼斧神工。浙江良渚遗址出土的玉琮(祭天的礼器)、玉钺（代表权威的礼器）是其中的佼佼者，有许多器物上都琢刻了被称为“神徽”的图像。

良渚文化玉器上的“神徽”图像

我们可以看到，“神徽”图像由上下两部分组成，上半部分像是一个叉着腰、戴着帽子的人，他

玉龙　新石器时代

中国国家博物馆藏

的帽子呈“介”字形，帽子上还刻着单线和双线组合的放射状羽毛，这顶帽子被称为“羽毛冠”。这个人有一张倒梯形的脸，圆眼睛、宽鼻子，露着两排牙的大嘴。他的大臂平举，胳膊肘向内弯，五指张开叉着腰部。下半部分看上去像个怪兽，那两个大圆圈代表眼睛，中间是宽大的鼻子，下面的大嘴巴内是一排向上的獠牙，双腿向内弯曲，双脚为三爪的鸟足。在良渚人的心目中，“神徽”的形象可能代表某种神灵。

在铁器出现前，古人究竟用什么来琢玉呢？这个问题困扰了考古学家和玉器专家很长时间。通过研究古籍文献，结合考古发现，研究者们发现，古人用竹片、石片锯（虽然叫锯，却没有锯齿），或者牛皮条、麻绳、丝绳来切割玉石。当然在这个过程中，还需要借助一个秘密武器——解玉砂。所谓解玉砂，就是质地坚硬的细沙粒。一些专家根据5000多年前良渚人切割玉料的方法，分别将竹片、石片、牛皮条、马尾、竹丝、羊肠线、细麻绳等作为切割工具，再把直径3毫米以下的细河沙调和水，放在切割口上，进行玉料切割实验，结果表明，用牛皮条、细麻绳切割玉料最为顺利，尤其是细麻绳，能非常有效地裹挟住带水的河沙，切割效果最理想。

令人遗憾的是，古人琢磨用的砣具至今还没有发现实物。一些研究者认为，古人应该有一种或几种圆盘形的原始制玉机器，有位专家还提出了拉弓式原始砣具的想法。

在浙江杭州良渚文化遗址的几处制玉作坊中，考古学家们还发现了一批头部尖尖的小块的燧石、石英石，这应该是琢刻阴线（低于器物平面的线条）纹饰的工具。有人也专门做了实验，他将同样尖端锐利的小燧石固定在木杆上，然后在玉石上进行琢刻，确实取得了不错的效果呢！

没有金属砣具，古人就用牛皮条、细麻绳、竹片、石片和尖锐的燧石、石英石等切磋、琢磨玉石，再加上秘密武器解玉砂，智慧的古人便制作出了精美的玉器。

今天，在我们的汉语词汇中，琢磨一词已经从玉器制作的方法引申为思考问题、寻找对策。看似前后并不相关，实际却非常恰当。同学们，希望大家在日常生活中都能养成爱琢磨的好习惯！

鼓吹

“鼓吹”原是多种乐器合奏的音乐

在现代社会，一些过度或恶意的宣传、炒作，往往被称为“鼓吹”，如“那个人鼓吹的奖惩制度，是不得人心的”“盲目鼓吹要‘自由’的人，是居心叵测的”等。而“鼓吹”原本是指古代一种用鼓、笛、笳（jiā）、角、排箫等乐器合奏的音乐，后来才引申出宣扬、吹嘘等意思。

形象的各式“鼓吹”

这种合奏的音乐，兴起于我国北方的少数民族，在秦末汉初时传入中原地区。它原本是一种民间音乐，在民间广泛流行，由于具有欢快的节奏、热烈的气氛，极具表现力和感染力，很快就被宫廷采纳，应用于军队、仪仗队或宴乐的场合。

鼓吹这种音乐有曲调、有歌词，北宋文学家郭茂倩编撰的《乐府诗集》就收集了一些鼓吹的歌词，其中有一首叫《出塞》的歌词是“候骑出甘泉，奔命入居延。旗作浮云影，阵如明月弦”，描绘的是汉武帝派遣军队抗击匈奴的军事斗争。

有意思的是，由于鼓吹乐队的编制和演奏场合的不同，又派生出“横吹”“骑吹”“铙（náo）歌”“箫鼓”等不同的名称。这些名称既形象又明了，你只要结合乐器好好想一想，就会知道它们的具体形式是什么了。

河南邓州出土的南朝时期画像砖上的这支乐队就是“横吹”。你仔细看看他们手中的乐器，那走在队伍最前方的乐师正在吹横笛，后面 4 位乐师吹奏的乐器依次是排箫、角、角和筚篥（bì lì）。因为横笛是主奏，所以这就是“横吹”了。

邓州出土的南朝时期画像砖

“骑吹”顾名思义，就是乐师骑在马上演奏。他们演奏的乐器是鼓和笳，属于仪仗音乐。古代的帝王在出行时都会有一支庞大的卤簿，骑吹是卤簿的组成部分。

乐师们还会骑在马上演奏排箫、鼓、笳和铙，此时他们演奏的是军乐。铙是铜质打击乐器，形状像钟，钟是悬挂起来、口向下的，而铙的短柄是中空圆管形，在里面插入一段木头，人可以手持或将其固定在底座上，口向上供人们击打。铙的声音清脆、洪亮，但频率单调，在乐队中属于掌控节奏的乐器。这种军中的鼓吹就是“铙歌”。铙歌的一些歌词往往也和战争有关，如汉代乐府诗作《铙歌十八曲》之一《战城南》的歌词是：“朝行出攻，暮不夜归（一大早战士们就出去打仗，可是到了晚上他们却未能一同归来）”“野死不葬乌可食（战死于野外的战士没能被埋葬，而是被乌鸦啄食）”，反映了战争的残酷。

象纹铜铙　商
中国国家博物馆藏

青铜编铙　商

中国国家博物馆藏

从出土文物看，商代就铸造有青铜铙。

乐师坐在楼车（车分上下两层，所以叫楼车）上，楼上站着2名乐师敲击巨大的建鼓，楼下车厢里的乐师吹奏排箫，因为只有鼓和箫，这种鼓吹就叫“箫鼓”。我们日常看到的鼓，多是只有一个鼓面，被放置在鼓架子上。而箫鼓中的鼓则是鼓身中间被一根木柱垂直贯穿，木柱被固定在底座上，鼓有两个鼓面，两个人可以同时击打，这种鼓叫“建鼓”，也叫“足鼓”，商周时期就有了，汉代时很盛行。

最早的鼓与笛

建鼓只是鼓家族中的一员，并不是我国最早的鼓。那么，我国最原始的鼓是什么时候有的呢？古文献记载神农氏“抟土

彩陶鼓　新石器时代
中国国家博物馆藏

陶寺土鼓　新石器时代
山西博物院藏

鼓以致敬于鬼神”。土鼓就是用陶土烧制的陶鼓，这说明神农氏在祭祀活动中已经开始使用陶鼓了。神农氏是传说中的人物，然而有意思的是，1986 年人们在甘肃发现了一面 5000 多年前的彩陶鼓，和神农氏所处的时代在时间上基本一致。这只彩陶鼓整体长度为 36.9 厘米，呈漏斗形，是一面蒙皮的腰鼓。它较粗的一端呈喇叭口状，口沿外侧有一圈凸起的乳钉，是用来固定蒙鼓的皮革的。鼓身两头各有一个像桥洞一样的小钮，是供人们穿绳索背在身上用的。

鼓作为打击乐器出现于新石器时代，主要有土鼓和木鼓两大类。山西陶寺遗址出土了距今约 4300 年的土鼓和木鼓。木鼓是用粗树干挖成的，有一米多高，鼓身呈竖立桶形，外壁绘有彩色的几何形图案，由于年代太久远了，木鼓上蒙的皮子已经腐烂，但在鼓身内有散落的扬子鳄的骨头。由此可知，当年人们是用鳄鱼皮来蒙鼓的。扬子鳄是我国特有的动物，古人将它称作“鼍（tuó）”，这种蒙扬子鳄皮的鼓就叫“鼍鼓”。

鼓吹中另一种重要的乐器是笛子，它既是大家非常熟悉

陶寺鼍鼓被还原后的样子

陶寺鼍鼓

的乐器，也是目前所知的乐器实物中“年龄”最大的。考古人员在河南舞阳贾湖遗址陆续挖掘出了40多支距今8000多年的骨笛。研究表明，它们都是用鹤的翅骨制成的。

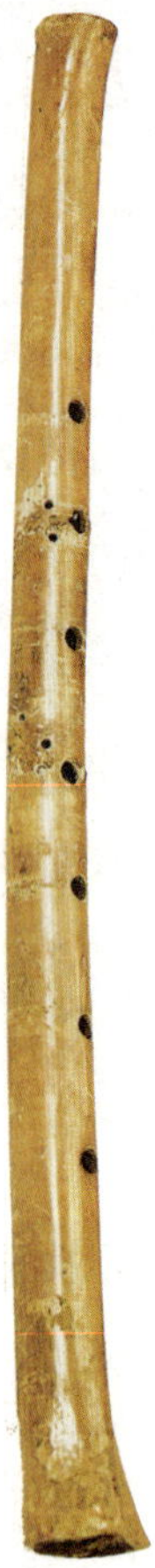

贾湖骨笛　新石器时代
河南博物院藏

我国音乐界的几位权威专家用最先进的测音仪器对这些骨笛进行了鉴定和测试，结果有了一个特别惊喜的大发现：这些骨笛已经具有了准确而完备的七声音阶结构。这改变了长久以来人们对中国音乐的一个错误认识。以往人们都认为，秦朝以前中国音乐只有1、2、3、5、6音阶，因此许多人唱歌唱不好，往往被称为“五音不全”。更让人惊喜的是，专家用其中一支骨笛吹奏了河北民歌《小白菜》，骨笛能完美呈现七声音阶，优美的音色与动听的乐曲令在场的每一个人都不由得鼓起了掌，这不仅是中国音乐史上的奇迹，也是世界音乐史上的奇迹。

大自然的礼物——笳和角

通过对鼓、笛的了解，你发现了吗，古人很善于就地取材进行发明创造。他们将木段挖空做成了鼓，在动物的骨管上钻孔做成了笛子……按照这种思路，我们会发现笳和角的发明，就更具典型性和原始性了。

最初，人们将芦苇的叶子卷起来，吹出了声音，进而将芦苇制成哨子，装在竹管上吹，就成了笳。笳是长得像笛子的吹奏乐器，它的声音响亮，能营造出威武雄壮的气势，所以汉代军乐中就有它的身影。但由于它的音阶比较单调，大约在南北朝以后就逐渐被淘汰了。笳因为源于西域、塞北一带的少数民族地区而被称为“胡笳”。大家在上音乐课时可能会学到《胡笳十八拍》，它就是用笳演奏的乐曲。

和笳一样源于边塞少数民族

牧区的还有角。牧区有大量牛羊，最初人们将牛角、羊角的尖部割掉做成能吹奏的乐器。后来人们又用竹、木、铜等材料制造角，汉代鼓吹中的角通常比天然的牛角、羊角大很多，应该就是加工制成的角。

牛角、芦苇、兽骨、木头等这些看似很普通的物品，在人们手中都变成了乐器，成了音乐艺术的组成部分，这是不是让我们进一步懂得了艺术是来源于生活的呢？

随着历史的发展，人们对音乐的要求也不断变化，鼓吹作为一种合奏的音乐，在乐器的组合上也随之改变。座鼓、长鼓、唢呐、笙、锣、钹等乐器相继出现在鼓吹中，大大丰富了音乐表现力。可以说，各个朝代都有不同形式的鼓吹，这种来自民间的音乐充满旺盛的活力。

中国的音乐文化内涵非常丰富，鼓吹虽然只是其中极小的一部分，可其内容仍然非常博大。本文篇幅有限，只是对鼓吹做了一个简单的勾画，且仅是对鼓吹初期阶段的几种主要乐器做了简要介绍。学无止境，感兴趣的话，你再去探索一番中国其他传统乐器的文化内涵吧。

参差

被忘却的“参差”

看了标题你可能会有些疑惑，我们经常会在形容长短、高低、大小不一致时说“参差不齐”，“参差”怎么会被忘却了呢？如果我再讲一句诗，你可能就更疑惑了。屈原在《九歌·湘君》中写道：“望夫君兮未来，吹参差兮谁思？”“参差”怎么还能吹？原来屈原讲的“参差”，是一种能吹奏的乐器。

参差不齐的排箫

唐代正是这种乐器盛行的时期，不过它在唐代时的名称不叫参差，而叫排箫。排箫怎么是参差呢？你看那排箫由多根细管组成，长短不一，实在是参差不齐，所以古人就将它命名为“参差”了。《风俗通义》中记载：“其形参差，像凤翼。”这说明排箫不仅是乐管长短不一，形状还如同凤的翅膀一样。

我们国家什么时候有了排箫呢？大家知道，我国古代把许多发明都归于黄帝时期，排箫也不例外。《吕氏春秋》一书中就说，黄帝命令一个叫伶伦的人制成了能发出凤鸣般声音的排箫。当然啦，还有记载说在更早的伏羲时期人们就发明了排箫，而且有16根乐管。这些记载是不是真实可靠的呢？还有待考古发掘去验证。

目前我们国家发现的最早的排箫实物是1997年在河南鹿邑出土的西周时期的骨排箫。它由13根禽类腿骨制成，这些骨管长短不一，最长的一根为32.7厘米，其他根依次缩短，最短的长11.8厘米。它们的粗细也不相同。这些骨管是中空的，在出土时管身有明显的人字形带束痕迹，专家推测这些骨管由一根宽带捆束而成。骨排箫吹口的一端，排成一条整齐的直线，下端则参差不齐，整体就像是凤的一只翅膀。因为每根骨管的

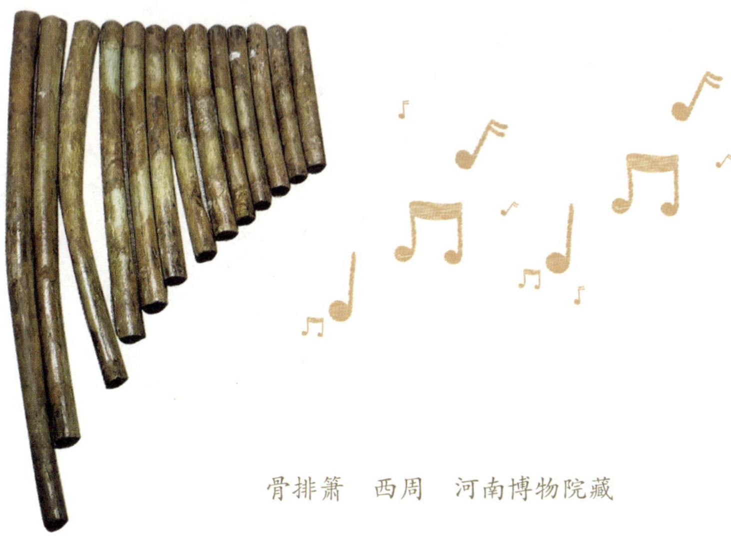

骨排箫　西周　河南博物院藏

吹排箫的女俑

体积都不相同，产生的振波自然也不一样，从而形成了高低不同的声音：长管吹出的是低音，短管发出的是高音。吹奏时，左右手各执一边，长管在左，短管在右，左右平移吹出音阶或旋律。

石头也能凿出排箫

令人称奇的是，古人竟然还能用石材制作排箫呢！1978年，在河南淅川一座春秋中晚期的墓中就出土了一件石

石排箫　春秋　河南博物院藏

排箫，也是 13 管。工匠们将石块钻凿成管状，管壁仅厚 1 毫米，这实在需要鬼斧神工般的技艺，凿劲稍大一点，下手方向稍偏一点，都要前功尽弃。这件石排箫出土后，人们对它进行了测音，除了第 7 管因为管口残破不能发音外，其余 12 管都能发音，而且合乎音律。如果不是有实物摆在面前，真的是不敢想象。

秦以后，排箫吹管的数目在不断变化，通过一些文字和图像记载，我们可以了解到有 16 管、17 管、18 管的排箫，还有 23 管的排箫。但无论管数如何变化，排箫一直保持着像凤的翅膀一样的形状。

要说明的是，我国古代还有一种单管的箫，管身上有多个孔，像笛子似的，吹出的声音悠扬动听。也正是为了和单管箫相区分，才有了“排箫”这个名字。

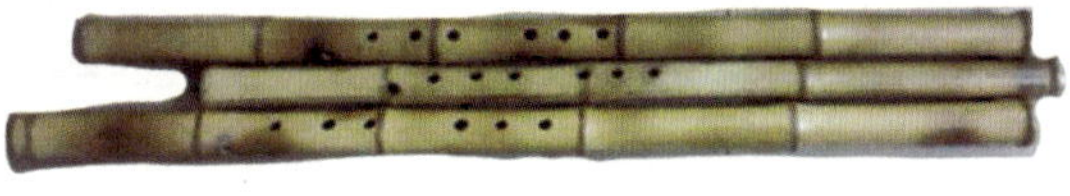

古代单管箫

权衡

用来称重的“权”与“衡”

《论语》里有一句名言“三思而后行”，它告诉我们在做决定前一定要考虑多次，谨慎行动。今天，在表示“衡量、考虑”的意思时，我们常常会用到“权衡”一词，如“权衡利弊”“权衡得失”“权衡轻重”。可是你知道吗，这里的“权”和“衡”，最初指的是两种称重的器物。

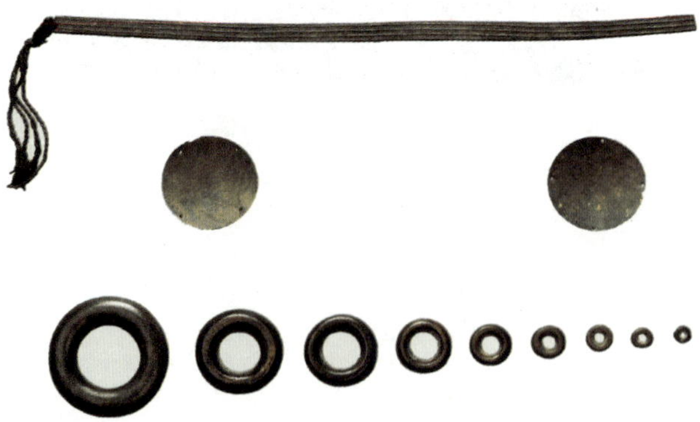

天秤和环权　战国　中国国家博物馆藏

图中的器具中有一个长 27 厘米的木杆,这个木杆就是“衡”;木杆两端应各自挂着一个直径 4 厘米的小铜盘。另外还有 9 个大小不等、重量不同的铜环，这些铜环就是“权”，或者叫“砝码”。因为它的形状是环形，所以人们也叫它“环权”。

相互配合的“权”和“衡”

“权”和“衡”都是称量物品重量的器具，而且必须配合使用。使用时，先要在衡的正中间位置拴上绳索，将衡提起来，或者用一个物体顶在衡的正中间，将衡架起来。请注意，这时的衡一定要保持平衡。然后在其中一个铜盘上放入物品，在另一个铜盘上放入环权，根据物品的轻重，人们调整环权的数量和大小。当衡又保持平衡时，就说明铜盘上的环权重量和另一个铜盘上物品的重量是相同的。由于每个环权上都标有代表重量的数字和单位，因此只要把盘中环权上的数字加起来，不就是那件物品的重量吗？这种器具实际上应用了物理学中的杠杆原理，我们的祖先够聪明吧！

相传，早在四五千年前的黄帝时期，我们的祖先就在使用这种称量器了，不过那时的实物没有流传下来。目前已发现的最早的衡器实物制作于战国时代，距今 2400 年左右。湖南博物院藏有战国时代重量为 0.69~251.33 克的 10 个铜砝码，是现存战国时代最完整的一套砝码。

形似“秤砣”的铜权

在中国国家博物馆的“古代中国”展厅，有一件重要的文物，外观很像半个小西瓜，顶端有个环形小钮，像是西瓜的瓜蒂。它是用铜铸成的，身上有非常醒目的“八斤”两个大字。我们许多同学看到它时，都管它叫“秤砣”，这实在是一个错误。它正确的名字叫“权”，由于身上有“八斤”两个字，博物馆专家把它定名为“八斤铜权”。

八斤铜权　秦　中国国家博物馆藏

那么，什么是秤砣呢？如果你去过菜市场，就会发现有的商贩使用的是杆秤，杆秤上那个起平衡作用的物体才叫秤砣，标明重量的数字不在秤砣上，而在秤杆上。在敦煌壁画中，就有一幅1000多年前人们使用杆秤的画面。古人先是发明了天平，过了好长时间才发明了杆秤。

铜权使用的时间长了，可能会有磨损，这就会影响称重的准确性。秦朝有一项特别的规定：每年要对权进行至少一次校准。同时还规定：如果一斤少了 3 铢，相关负责人就要受处罚。当时一斤等于 384 铢，少 3 铢就要处罚，这对消费者的权益实在是一种非常好的保护。

敦煌壁画中使用杆秤的人（摹画）

由于权和衡要配合使用，所以人们习惯上把称重量叫作“权衡”；此外，在称量物体时，需要对衡两边的重量进行计算和比对，因此，“权衡”又引申出“衡量、比较、考虑”的含义。

如今，随着电子秤的普及，天平、杆秤等称重工具逐渐退出历史舞台，但与之相关的文物和字词所折射的，正是古代繁荣的交易活动与古人闪耀千年的智慧。

度量

“度量”如何计量

在生活中，人们往往会称能容忍、宽容他人的人“度量大、有修养”，所以古人讲“量小非君子，无度不丈夫（后被讹传为无毒不丈夫）”。在这里，“度量”指人们能宽容他人的限度。然而，“度量”原本是与人们生活密切相关的两种工具——“度”用来计量物体的长短，“量”用来计量物体的容积，这两种工具有非常久远的历史。

“计数”的由来

在原始社会，我们的祖先在生产劳动中逐渐有了大小、多少等数量观念，从而产生了“数”的概念，自然而然发明出了许多计数的方法。由于商代以前没有文字，因此我们并不知晓远古人类都是怎样计数的，但有趣的是，我国一些少数民族却保留下了他们在没有文字时的计数方法。

中国国家博物馆藏有一截从云南征集到的独龙族用的绳子，20 多厘米长的绳子上打了 7 个结。这是什么意思呢？原来它表示两个人约定 7 天后再相见，每过一天解开一个结，当所有的结都解开了，就是相见的日子了，这就是史书中所记载的“结绳记事”。

刚开始的时候，各氏族计数的方法可谓五花八门，只有本氏族的成员明白是什么意思。但随着物品交换的出现，各氏族间有了交往，就逐渐产生了统一的计数、计量的方法和工具。

张飞究竟有多高

最具代表性的“度”是尺子。在河南安阳出土的两柄商代的象牙尺是我国目前所知最早的测量长度的实物。这两柄尺子正面刻有 10 寸，每寸又分别刻有 10 分，这说明商代的人就已经采用十进制了。

战国以后，各时期的尺子留存就比较多了，已发现的有铜尺、木尺、铁尺、竹尺、骨尺等，材料多种多样。其中很值得我们重视的一个现象是，战国时期尽管是诸侯割据的局面，可各地尺子的量值都在 23 厘米左右，差异不大。

秦始皇统一中国后统一了度量衡，每尺约合今天的 23.1 厘米，这个标准一直沿用到东汉末年，通行了 400 多年。建议你记一下 23.1 厘米这个数据，因为历史故事中你熟悉的一些人物，如吕布、张飞等，都是身高八尺，如果按今天的 1 尺约为 33.3 厘米来计算，他们的身高为 2.66 米左右，比姚明还要高一大截，但是实际上，这些人物按当时的 23.1 厘米来计算，身高也就是 1.84 米左右。

“各自为政”的“量”

“量”用来计量物体的容积。现在我们一般会用有刻度的量杯测量液体的多少，这些量杯被叫作“量器”。而在 2000 多年前的战国时期，各国量器的样子、计量单位和计量标准都不统一。

目前已被发现的我国最早的量器是战国时代齐国的 3 件量器，用铜铸成，上面的铭文说明了它们的量值与铸造年代，还告诉我们这些量器是在齐国的关卡使用的，规定了守关人员不许舞弊，违者将依法受到制裁等信息。

这3件量器分别是“子禾子”釜、陈纯釜、左关和。战国时期齐国的1釜等于64升，通过用水实测，“子禾子”釜、陈纯釜、左关和分别能容水20 460毫升、20 580毫升、2070毫升。

战国时还有一件非常著名的量器——商鞅方升。它也是用铜铸造而成，三个侧面和底部都刻有铭文，铭文不仅告诉我们这件方升是秦孝公十八年商鞅进行变法时在今天的

“子禾子”釜　战国
中国国家博物馆藏

陈纯釜　战国　上海博物馆藏

左关和　战国　青岛市博物馆藏

陕西蒲城（当时叫重泉）督造的，是一件标准的量器；还让我们知道了商鞅规定十六又五分之一立方寸为一升。可见，在 2300 多年前，人们就已经掌握用量器来计算容积的科学方法啦！

商鞅方升底部的铭文，是秦始皇统一六国后加刻上去的，内容是秦始皇为统一度量衡而下发的诏书。原来，秦始皇认为统一的度量标准能为人们从事经济文化交流活动提供便利，也有利于消除割据势力的影响，因此下令统一度量衡。而商鞅所定的量值比较恰当，方升铸造得也规范，于是，商鞅所督造的方升就成了统一度量衡后官定的标准升量，推广到全国使用。那么商鞅方升的容积到底是多少呢？经过专业计量机构的测定，商鞅方升的容积约为现在的 202.15 毫升。

商鞅方升　战国　上海博物馆藏

运筹

“运筹”帷幄离不开的神奇小棍

当准备办理一件事情的时候，我们往往会说“好好筹划一下”；当赞美一位有谋略的人物时，我们又常用“运筹帷幄之中，决胜千里之外”来形容。“运筹”“筹划”这两个词中都有一个“筹”字，亲爱的小读者，你知道什么是“筹”吗？

用来运算的小棍

“筹”又叫策、算子、算筹，它是我们祖先的一个重大发明。从春秋时代到明代中晚期，算筹存在了2000多年，在人们的生产生活和科学文化等领域都发挥了很大的作用，就连大名鼎鼎的祖冲之计算圆周率，也是用算筹进行运算的。然而，这么重要的算筹，从外观上看却又简单得不能再简单了——它是由若干根长短、粗细一样的小棍组成的。那么，这种小棍怎么能进行运算呢？

咱们今天在纸上计算，是书写数字；用手机计算，是点击数字。而古人进行计算，则是将算筹摆列成当时的数字进行计算。算筹摆列的形式分为纵式和横式两种，具体摆法如下：

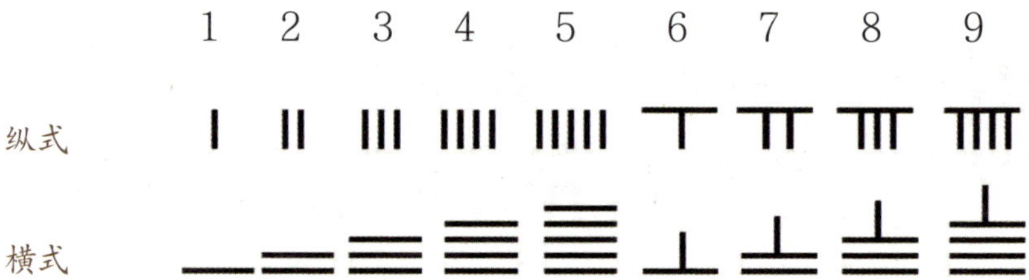

古人用纵式表示个位数、百位数、万位数，用横式表示十位数、千位数、十万位数……以此类推。遇到数字“0”，则不摆放算筹，用空白表示。

2023

算筹的计数严格遵循十进制计数法，够十就进一位，这同现在通用的阿拉伯数字相比，虽然数字形式不同，但计数的方法是一样的。算筹还可以表示分数、小数和负数。如果是分数，就摆成上下两排，上排表示分子，下排表示分母。如果是小数，就在小数部分的第一位下面,加个“分”字。负数怎么表示呢?聪明的古人借助颜色解决了这一难题:红色算筹代表正数,黑色算筹代表负数。

你知道哪些材料可以用来制作算筹吗?制作算筹的原料比较广泛,常见的有竹、木、铁、玉、象牙和骨等。最初的时候,算筹可能就是随手可得的小木棍或者小树枝。你知道吗,当年还有专门盛放算筹的算袋和算筒,就像我们今天的铅笔盒一样。湖北荆州曾经出土了一个汉代的算袋,是用丝线织成的,非常精美,被专家们评定为一级文物。看到这里,你不妨用牙签等材料作为算筹,尝试着摆摆数字,做一些简单的四则运算吧!

古人随身携带的“计算器”

由于算筹是计算工具,所以有的人出行时要将它随身携带。非常有意思的是,有些人死后,死者的亲人还要将算筹装入算袋,系在死者的腰部,这真称得上是从生算到死呢!

说到算筹的出土,还颇有些曲折。我国很早就有了关于算筹的文献记载,可由于在宋代,比它更便捷的算盘出现了,所以人们渐渐地就不再用算筹了。随着时光的流逝,几百年过去了,知道算筹的人越来越少,再加上竹木等材质的算筹在地下很容易朽烂,于是,考古过程中即使有人偶然发现了算筹,因为不认识,往往也就当成废物处理掉了。

直到1954年，湖南长沙一座战国时代的陵墓内出土了一个竹筐，筐里除了天平、砝码、竹片、毛笔外，还有40根长短一样的竹算筹。这批竹算筹很幸运，没被处理掉，但考古人员并不知道它们是算筹，还在报告中把它们称作“竹签”。后来，我国著名的数学史专家严敦杰首先确认了它们的算筹身份，让公众知道了它们在数学史上的重大意义。严先生的观点很快得到了史学界的认同，于是，这批“竹签”成了考古中发现最早的算筹实物。自此以后，就不断有算筹出土的消息传出了。

象牙算筹　西汉　陕西历史博物馆藏

这件事告诉我们一个道理：正确地认识一个事物，往往不是一蹴而就的，而是要经历一个过程。你学到了吗？

管辖

别看个头小，“管辖”很重要

说到“管辖”这个词，你一定知道它是管理、统辖的意思，可是你有没有想过，这里的“辖”字为什么是“车字旁”，“管”字又有什么玄机呢？

古代的车

要弄明白这些问题，我们就得先了解中国古代车子的构造。据记载，在夏代，一个叫奚仲的人发明了车。考古人员在河南偃师发现了夏代的车辙痕迹，根据这一痕迹，我们可以推测，在距今 4000 年左右的时候，人们就已经学会造车了。由于车最初是用木头做的，木头容易腐烂，很难保存到今天，当前我们能够看到的最早的车是商代晚期的，距今也已经有 3000 多年了。

要想车子跑，车轮不能少。古代的车轮通常由车轴相连，车轴靠近轮子的地方有圆筒形的车毂（gǔ），车毂上安着一根一根的辐条，辐条的另一端固定在车轮的外圈上。仔细瞧瞧，这是不是很像自行车的轮子呀！

车毂

由于车子在行进时，车毂要不停地围着车轴转，容易磨损和开裂，所以人们除了选用比较坚硬的木头做车毂外，还要用一种金属套来保护它。这种金属套叫作“輨（guǎn）”，形状好像一个笔筒，不过要在底部开个大圆孔，才能穿过车轴套在车毂上，这就如同给木车毂戴了个铜帽子，起到了减少磨损和加固的作用。

固定车轮的“辖”

讲了半天，你或许要问了，“辖”在哪呢？别急。刚才我们讲到车毂戴上铜帽子后，得到了保护，但还不能确保它不从车轴上滑脱。要知道，车毂一旦从车轴上滑脱了，就意味着轮子掉了，车也就倒了。为防止这种事故发生，聪明的工匠就用铜制作了一个小圆筒，套在轴头上，顶住车毂，这既保护了轴头，又使车毂不能左右滑动，这个小圆筒叫“軎（wèi）”。那軎会不会脱落呢？工匠们也想到了这个问题，所以他们在制作车軎的时候，会在上面留一个上下贯通的孔，在孔中插进一个小零件，而且这个小零件的末端也有一个孔，可以穿皮条将它捆住。这样一来，人们就不用担

辖

心车軎脱落了，车轮也就能够安全运转了。这个至关重要的小零件就是“辖”。最初，辖是用木头做的，后来改为用铜制作，而且工匠们还会在辖的顶端做一些兽头、人像之类的装饰，既实用又美观。

原来，“辖”就是古代固定车轮的零件！别看它个头不大，但它起的作用可是非常大的，车的安全在很大程度上要靠它来保证。

开关门的“管”

说完了“辖”，我们再来说说“管”。“管”在古代指开门的钥匙。我国古代有这么一个官职，叫作“司门”，类似今天的海关。司门一方面要负责每天开启和关闭国门，一方面要检查过往行人携带的东西,看看别有什么违禁品进入国内。《周礼》中规定司门要“掌授管键，以启闭国门”，这里的“管”就是钥匙的意思。

《左传》里还有一个和“管”有关的故事。当年秦王派大臣杞子带领秦军到郑国去协助防卫，后来，杞子派人报告秦王说：“郑人使我掌其北门之管，若潜师以来，国可得也。”就是说杞子掌握着郑国都城北门的钥匙，秦国要是派兵偷袭郑国，他可以作为内应，打开城门。秦王接到杞子的密报，还真的派兵去偷袭郑国了，可是他们最终没有成功。这又是为什么呢?

先卖个关子，有时间我们再好好讲。

由于“管”和“辖”都是至关重要的小零件，具有统领全局的重要作用，后来人们渐渐就将这两个字合成为一个词——管辖。

你知道吗，在生活中，有很多看上去微不足道的小零件，其实起着至关重要的作用，如钥匙、拉链、纽扣等。聪明的你，还能想到哪些例子呢？我们在学习生活中的一些小缺点、小毛病是不是要加以改正呢？中国有句话：“千里之堤，溃于蚁穴。”说的不就是这个道理吗？

计较

“较”原是车的把手

每当乘坐公交车或地铁时，我们都会看到车上有横杆式或吊环式的把手，供站立着的乘客抓握以保证安全。那你知道这种供乘车人抓握的把手竟然古已有之，有的把手还极为精美吗？不过当年它的名字不叫把手，而叫作“较”。由于通过“较”的材质和装饰，人们能辨别乘车人的身份和地位，所以就有了“计较”之说。那么古代的“较”安装在车的什么地方？它又长什么样呢？为了弄清这些问题，咱们还是先了解一下古代的车吧。

安全乘车要有“较”

相传在黄帝时期便有人发明了车，然而因为古代的车是用木材制造的，不能长久保存，所以目前通过考古发掘确定的我

天子驾六　东周　洛阳周王城天子驾六博物馆藏

国最早的车是商代晚期的。西汉以前的车，都是双轮、独辕和长方形车厢（古代将车厢称为“舆”）。因为是独辕，所以必须用双数的马来驾车，多为两匹或四匹。2002 年在河南洛阳曾出土一辆六匹马拉的车，是专供周天子乘坐的，这也是到目前为止仅有的一辆“天子驾六”。

西汉以前的车，大体可分为“大车”和“小车”两大类，就像现代的大卡车和小轿车。那时的大车是牛拉的，主要用来运输货物。大，就大在车厢上，大车车厢接近正方形，装载量较大。小车是由马来拉的，车厢长 150 厘米左右，宽 90 厘米左右，四周装有栏杆，人们乘车都是从车厢后面上下，所以车厢后面的栏杆有缺口，相当于现在的车门。由于车厢距离地面较高，所以人们需要踩着石块或踏几才能登上车。

汉代以前的小车，大多是作战用的战车，每辆车上有三个人，中间是驾驭车的御手，左边是持弓箭的武士，右边是持长兵器的武士。也有少量的车是贵族出行用的。无论哪种车，人们在车上都是站立的姿态。为了增加车的安全性，车厢左右两侧的栏杆上会各安装一个供人倚扶的横把手，这个横把手就叫作“较”。

目前我们发现的年代最早的较，是西周时期用铜制成的。较的形状基本上是门形，两头下端有榫，以便插入围栏的立柱中。较的高低并不统一，秦始皇陵兵马俑二号坑出土的铜较，其垂直部分就比较高。

可以“比”的“较”

较原本只是用来供人倚扶的，完全出于实用的目的，然而到了秦代以后，随着封建等级的强化，较也被用来显示身份、等级。于是较的颜色、材质就有了讲究，例如文官车上的较是蓝色的，武官车上的较是红色的，帝王所乘的车，较要用黄金来装饰等。

在河北满城的中山靖王墓中，就出土了用错金银装饰的带有漂亮云雷纹的铜较。较有了“比”的意味，“计较”“比较”等词语也就出现了。虽然自明代起，车上不再安设较，可“计较”“比较”这些词语却传了下来。由于“计较”一词有一定的贬义色彩，所以我希望同学之间不要计较。

错金银铜较　西汉　河北博物院藏

巾帼

“巾帼”究竟是什么

说起巾帼，同学们应该都不陌生，现代人往往将女子中的杰出人物称为“巾帼英雄”，还用“巾帼不让须眉”来形容女子能挑大梁、担重任，不输于男子。但是你知道吗，“巾帼”原本是一种被称为“假髻”的配饰，是古代女子的专用物品。

千变万化的发髻

“假髻”是一种什么样的装饰物？古代女子为什么需要它来装扮自己呢？想要弄清这些问题，我们先来了解一下什么是发髻。

“身体发肤，受之父母，不敢毁伤，孝之始也。”古人认为，要孝敬父母，首先要爱惜父母给予自己的身体，不可以损伤它，所以头发是不能随便剪掉的，要将长头发扎起来，并在头顶、头侧或脑后盘绕成髻，这就是发髻。这样既保留了长发，又不影响人们的日常生活，而且还具有一定的美感。也正是出于对美的追求，自秦汉以来，女子们在发髻上做足了文章。

发髻的式样千变万化，但总体来讲，可以分为梳在脑后的垂髻和盘在头顶的高髻两大类。

垂髻是将头发拢在脑后，将头发末端绾成一个小结的发式。这种发式使女性看起来温婉柔美，在汉代女子中广泛流行。

高髻则是将头发盘在头顶，使其像山峦一般高高耸起，这能在视觉上增加女子的身高，使人看起来有一种修长之美。这是不是与现代女子穿高跟鞋有异曲同工之妙呢？唐代以后高髻极为流行，贵族妇女（尤其是宫廷后妃）以及一些宫女都偏爱高髻。

垂髻

发量不够，假发来凑

梳高髻的前提是要有足够多的头发，头发越长、越浓密，梳出来的高髻效果就越好。有些女子想梳高髻，可头发又短又稀疏，怎么办呢？她们就在自己头发的基础上，添加一部分假发来梳成高髻，以达到美观的效果。这种加入了假发梳成的发髻，被称为“假髻”。

根据历史记载，我国春秋时期就出现了假发。1972 年，科研人员在对长沙马王堆汉墓出土的轪（dài）侯夫人“遗体”进行化验时，发现她的头发中竟掺有假发，这是目前发现的古人使用假发的最早物证。

还有一种假髻，是用金银丝编成框架，或者用藤条、木材等制成各种发髻的式样，在外表包裹上丝织品或涂上黑漆，再将珠宝点缀在上面，有的还插上步摇、金簪等首饰。明代将这种假髻叫作“发鼓”。女子会见他人

高髻

假髻

或出门上街时，就将它直接戴在头上，不用时就摘下，很像今天古装剧中演员们戴的“假头套”，当然，发鼓可比假头套高档多啦！那时有人置办不起发鼓又需要戴时，还可以向别人借用呢。

“巾帼之辱”的故事

假髻的式样有很多，名称也有很多，例如有“副”“编”“蔽髻”“义髻”等，其中人们最熟悉的，则是“巾帼”这个名字。

令人意想不到的是，巾帼还曾被诸葛亮用来使激将法。话说诸葛亮率领 10 万大军和司马懿率领的魏军在渭水两岸对峙，司马懿坚守不出，消耗蜀军的军粮和士气。诸葛亮为了速战速决，就派人给司马懿送去了“巾帼妇人之饰”，借此讽刺司马懿和女人一样，以激怒对方，引他出兵迎战。当然了，司马懿也不傻，宁可受辱，也没有出战。

巾帼，就是女子的假髻，你记住了吗？

布衣

“布衣”不仅仅是衣服

提到“布衣”这个词，你是不是认为“布衣”就是布做的衣服？表面上看，“布衣”说的就是一种衣服，是一个服装类名词，可你知道它还是某些人的代名词吗？

平民百姓称“布衣”

在古代，一些平民出身的人就常以布衣自称。秦代著名的宰相李斯在讲自己未曾官运亨通时，说自己“乃上蔡布衣，闾巷之黔首”。上蔡位于河南，是他的出生地，闾巷是一条小街道，黔首是平民百姓的意思，和布衣有相同的含义。李斯这句话的意思是说自己是来自上蔡闾巷的平民百姓。

现在，有些没有职位的人也常引用古代的说法，称自己是

正面

背面

古代的麻布衣服

布衣。这些人为什么要以布衣自称呢？这就涉及古代衣服的质地和等级了。

在距今三四千年的时候，我国纺织用的材料有蚕丝、葛、苎麻和大麻（又称汉麻、火麻）等。每种材料的加工工艺不同，又各有精细和粗糙之分，平民百姓往往以麻制的较粗糙的布为主要衣料。这种衣料容易得到，价格自然也低廉，当然就不够高档。用这种衣料制成的粗糙衣服被称为“布衣”。衣料等级低下和身份低下画了等号，于是“布衣”就成了一些人的代称。当然，这代称很可能带有一种自嘲的成分。

用麻制衣首先有一个给麻脱胶的问题。我曾在北京大兴看到过一个大水坑，坑中浸沤着一捆一捆的大麻茎，每根大麻茎有 2 米左右长，水中不时还会产生一些小气泡，那气味很臭。听化学老师讲了这沤麻的原理，我才知道大麻的韧皮层中有强度很高的生物胶，只有去掉生物胶，才能将大麻纤维分解成麻丝，人们才能得到纺织的原材料。人们将大麻茎收割后，去除掉枝杈和叶子，将大麻茎放在水中浸沤，就可以利用水中的微生物来发酵脱胶了，这个过程会产生刺鼻的气味。我国古代对麻类纤维的处理一直是浸沤脱胶，《诗经》中就有“东门之池，可以沤麻”的诗句。

布料粗细“升”来定

前面讲了麻布有粗有细，那粗细是怎么界定的呢？古人是以一定的布幅（布的宽度）内有多少经纱来分精细或粗糙的。打个比方，你在两张一样宽的作业纸上，一张用粗笔画线，一张用细笔画线，一根挨着一根地画，纸上用细笔画的线一定比用粗笔画的线数量多。同样的道理，在一定宽度内，凡是经纱更多的布，那每根纱线必定是更细的。

怎样才能使纱线又细又匀呢？首先，要将麻料劈分得特别细；其次，不仅要去除其中的杂质，而且还要脱胶好，使纤维更柔韧；最后，在制成纱线的过程中，也要更讲究技术，肯下功夫。反之，如果麻料劈分得不精细，残存了一些胶质，那就制不成又细又匀的纱线，自然也就织不成精细的麻布了。

量器——升

请注意，接下来你要了解一个有些特殊的单位——升，古人用升来表示经线的多少。不仅如此，升一般还作为容量单位，用于表示物体的容积。

古人规定布幅内每 80 根经线叫 1 升，升数越多，布就越精细。15 升以上的麻布已经精细得如丝绸一般，于是人们就给它起了一个名字叫“缌（sī）布”。缌布专门用来制作贵族的服装。而 30 升的缌布，是古代技术能生产的最精细的麻布，产量非常少，专供制作帝王和贵族的帽子——麻冕所用。当年的布幅为 2 尺 2 寸，相当于现在的 74 厘米。30 升则是 2400 根经线，大家想一想，在约 74 厘米的宽度内有 2400 根经线，那线得有多细呀！

古代的平民百姓一般只能穿 10~14 升的麻布衣服。至于罪犯或奴隶，穿的则是 7~9 升的粗麻布衣服。当然有时也会有例外，如春秋时期的齐国大夫晏婴，虽高居相位，但厉行节俭，平常就穿10升的麻布衣服，并说布衣“足以掩形御寒，不务其美”。

由于大麻的生长对土壤的要求不高，对气候又有很强的适应性，所以古代我国广大地区，尤其是北方地区，到处都有茂盛的大麻。从宋代起，朝廷大力推广棉花种植，大麻变少了，逐渐退出制衣原料市场。由于它的纤维强度好，人们给它创造了新的用武之地，例如制作绳索，既便宜又结实耐用。所谓“是金子总会发光的”，大麻的价值被人们发现后，从古至今都得到了充分利用。

后记

讲物说词话历史

我当年在中国历史博物馆“中国通史”展厅（中国国家博物馆“古代中国”展厅的前身）讲解文物的时候，有时会涉及一些名词，而且名词的来源或者本义是大家耳熟能详的，如贝币引出“宝贝”、青铜器的铸造引出“模范”、度量衡器引出“衡量”或“权衡”，这里既有知识性，又有一定的趣味性，观众很感兴趣。然而，由于受讲解内容的限制，无法对涉及的名词进行展开讲解，所以我只能点到为止。一些观众觉得意犹未尽，往往在讲解结束后，找我就一些词语的生成、使用、变化以及衍生的故事进行探讨。大家探求传统文化知识的热情使我深为感动，于是我渐渐萌生一个想法：何不结合考古发掘、文物知识和历史典故，将这些词语做进一步的挖掘、梳理，既说明一个词是怎么产生的，又自然导出和它紧密相关的文物、历史知识，就像微缩景观小中见大似的，通过一个词，讲出一个饶有趣味的故事。

心动就有了行动，我开始着手选择、积累相关资料，并于2012年进行了尝试。当时人民教育出版社主办的《小学语文国学》(现名《少儿国学》)杂志向我约稿，我便写了“宝贝”“锦绣”“度量”“模范”这4个词。当年虽然只写了4篇，但我基本厘清了思路、结构，同时也得到了相应的肯定，坚定了继续写下去的信心。非常幸运的是，《奇妙博物馆》期刊问世，为拙作提供了一个极好的平台，加之睿智而热诚的高雅等编辑精心设立了《一词一世界》这个栏目，于是，一篇篇讲物说词话历史的小文章也就陆续和广大读者朋友见面了。

常言道：“说着容易做着难。”把一个词讲明白，看上去只有几千字，却往往要花费一个星期才能完稿（当然每天并非全力以赴），什么原因呢？

首先是选词的难度。因为是立足于文物讲词语，即讲物说词，讲的都应该是与文物有关的故事，这就有一个选词的问题，从海量的词语中选取合适的词并非易事。另外，为了增加可读性，还要尽量选取那些衍生了新含义，甚至和原义有巨大差异的词，如“城市”“矛盾”“大驾”“计较”等，这就更增加了选词的难度。因此选词就耗费了不少时间。

其次是涉及的知识领域非常广泛，如建筑、冶金、纺织、农耕、酿造、天文、体育、绘画等，是实实在在的知识小百科了。然而，其中有不少知识，自己也是一知半解，缺乏积累的厚度。可是既然要讲，就不能有半点含糊，尤其是给青少年朋友看，更不能有什么差错。不过，我相信“勤能补拙”，一字一句都认真推敲，为了弄清楚一个细节，我常常翻书、查阅考古发掘报告到深夜。向行家求教更是必不可少，写“琢磨”这个词时，我三番五次就琢玉的工具和操作方法，请教当代的制玉大师，甚至到现场考察；写“牺牲”这个词时，我向天坛公园原总工程师讨教祭祀的规章制度……

还有一点更增加了写作的难度。启功先生为北京师范大学题写的校训是“学为人师，行为世范”。“人师”就是要既授业，又传道。本着这种精神，我在写每个词的时候，除了讲述相关的文物知识、人物故事、历史典故，还会注意立德的内容，而且要求行文一定要顺理成章，要很自然恰当地融入这方面的内容，决不可生拉硬扯，人为地拔高、戴帽。比如讲“规矩”，提醒读者在社会上要依照一定的规则行动,守法不逾矩；讲“火候”，从工匠们的技艺，引申出熟能生巧的道理；讲“牺牲”，自然将缅怀革命先烈的丰功伟绩、培养爱国主义精神代入其中。更多的内容则是通过讲述我们祖先的聪明才智，通过中华民族对世界文明的贡献，让读者增强文化自信和民族自豪感。

最后，我要由衷地表达感谢之情。感谢高雅等编辑朋友，他们认真地审阅我的每一篇文章，有的内容加了小标题，使全文条理更清晰、更易被读者接受，同时还考虑了词语之间的关联性、整本书的系统性等，相近的词语尽量放在一起，如涉及古代军事方面的“符合”“干戈”等,政治方面的“冠冕”“牺牲”等,农业生产方面的“耕耘”“五谷”等,手工业制造方面的“成绩”“镀金”等。感谢为每一篇文章精心绘制插图的画家朋友，他们精准地捕捉到绘图内容，予以生动形象的表现，大大提高了文章的可读性和趣味性。尤其要感谢我一向尊敬的李行健先生，他是语言文字研究的领军人物，他主编的《现代汉语规范词典》在社会上有着广泛而深远的影响。我实在是出于对大家的仰慕，才斗胆请他在百忙之中为这么一本薄薄的小书作序。李先生慨然应允。他在字里行间对拙作给予了高度的肯定，这不仅大大地为本书增色，对我本人更是一种激励和鞭策。未来，我还会继续写下去，将更多词语的故事奉献给读者朋友。

拙作定有许多疏漏和不足，望大家批评指正。

齐吉祥

2023 年 12 月

附 录

词语演变小课堂

城市

古义：“城”字的本义是城墙，例如万里长城；“市”则是买卖商品的场地，也是最原始的商业活动。

今义：人口集中、工商业发达、居民以非农业人口为主的地区，通常是所在地区的政治、经济、文化中心。

符合

古义：“符”指的是兵符或者交通、贸易等方面的凭证，“合”是人的行为。“符”在使用前先要分为两半，这叫“剖符”，待到对证时，再使其相合，也就是名副其实的“符合”。

今义：（数量、形状、情节等）相合。

干戈

古义：“干”指盾牌，“戈”在古代被称为“勾兵”，是一种既能钩杀又能啄刺的长柄兵器。

今义：盾牌和戈，泛指武器，多借指战争。

矛盾

古义：指两种兵器，“矛”是刺杀用的兵器，“盾”是防御用的兵器，二者的作用完全相反。

今义：泛指事物互相抵触或排斥；哲学和逻辑学上的名词。

冠冕

古义：“冠冕”在古代是皇帝、太子、亲王等戴的礼帽，是身份的标志。

今义：冠冕堂皇，体面。

牺牲

古义：“牺牲”是古代举行祭祀大典时献给神灵和祖先的一种祭品。“牺”是做祭品用的毛色统一的牲畜，“牲”是用来供奉的整只牲畜。

今义：为了正义的目的舍弃自己的生命；放弃或损害某些利益。

问鼎

古义：“鼎”原本是烹煮肉食的炊具，最早是用陶土烧制的。“问鼎”问的是鼎的大小轻重。

今义：指图谋夺取政权，也指在比赛或竞争中夺取第一名。

金榜

古义：科举考试中级别最高的是殿试，由皇帝亲自主持，考试结束后，要张贴皇榜来揭晓考生的名次，因为皇榜是用黄纸做成的，所以就有了“金榜”之称。

今义：科举时代俗称殿试录取的榜。

禁止

古义：“禁”指的是古代用来盛放物品的一种大型青铜礼器，起到戒酒的作用。

今义：不许可。

门户

古义：“门户”原指院落的出入处。院落的出入口就是“门”，单扇的门板称为“户”。

今义：门（总称）；比喻出入必经的要地；指家；派别；门第。

大驾

古义：“大驾”在古代礼仪文化中，是皇家出行时一种级别最高、规模最大的仪仗，是尊上的体现。

今义：敬辞，称对方。

五色

古义：“五色”指红、黄、蓝、白、黑五种颜色。

今义：五彩。

耕耘

古义：“耕”指把田里的土翻松，“耘”指在田里除草，它们都是农业生产中的关键环节。

今义：耕地和除草，泛指农田耕作；比喻辛勤地从事研究、创作等工作。

五谷

古义：五谷是我国古代对几种主要粮食作物的泛称。

今义：五种谷物，古书中有不同的说法，通常指稻、黍、稷、麦、豆，泛指粮食作物。

发酵

古义：“发酵”指人们利用谷物酿造出醋、酒、酱等的技术。

今义：复杂的有机化合物在微生物的作用下分解成比较简单的物质，发面、酿酒等都是发酵的应用；比喻事态持续发展。

六畜

古义：“六畜”指的是猪、牛、羊、马、鸡、狗六种动物。

今义：猪、牛、羊、马、鸡、狗，也泛指各种家畜、家禽。

属相

古义：“属相”是生肖的俗称，指代表十二地支而用来记人的出生年的十二种动物，即鼠、牛、虎、兔、龙、蛇、马、羊、猴、鸡、狗、猪。

今义：生肖

宝贝

古义：古代各地都认同的作为交换标准物的实物货币——海贝。

今义：珍奇的东西或对小孩的爱称。

筵席

古义：“筵”和“席”指大小、粗细不同的两种席。“筵”比较粗糙，面积比较大；“席”比较精细，面积比较小。

今义：指宴饮时陈设的座位，借指酒席。

镇压

古义：最初“镇”是用来压席子的，汉代以后随着纸张的出现，“镇”又成了文房用具。

今义：用强力压制，不许进行某种活动（多用于政治）；处决；

压紧播种后的垄或植株行间的松土，目的是使种子或植株容易吸收水分和养分。

沐浴

古义：古人将洗头发称为“沐”，将洗身体称为“浴”。

今义：洗澡；借指受润泽；比喻沉浸在某种环境中。

如意

古义：古代有一种小物件叫“爪杖”，也就是我们俗称的“痒痒挠”，由于它可以代替人的手指和手臂搔抓解痒，达到“如人之意”的效果，于是便有了“如意”的称呼。

今义：符合心意；一种象征吉祥的器物，用玉、竹、骨等制成，头呈灵芝形或云形，柄微曲，供赏玩。

环绕

古义：“环”字，被广泛用于圆形物体，例如门环、耳环、套环等，进而引申为动词“环绕”。

今义：管围绕。

广告

古义：“广告”一词的本义就是“大喊大叫”。用言语来介绍交换的物品是“口头广告”，将商品悬挂、摆放在醒目位置用于宣传推销是“实物广告”。

今义：向公众介绍商品、服务内容或文娱体育节目的一种宣传方式，一般通过报刊、电视、广播、网络、招贴等形式进行。

丰碑

古义：“丰碑”原指立在墓地中、用来辅助安放棺椁的大木板。

今义： 高大的石碑，借指不朽的杰作或伟大的功绩。

规矩

古义：“规”和“矩”是我国古代工匠常用的两种工具，规用来画圆，矩用来画方。

今义： 一定的标准、法则或习惯；合乎标准或常理，（行为）端正老实，办事要守规矩。

锦绣

古义： 用针将几种彩色丝线添加在织好的绢上，构成漂亮的花纹，这种织物叫“绣”；用一种提花机器直接织出花纹，且花纹是凸起的，这种丝织物叫“锦”。

今义： 精美鲜艳的丝织品；美丽的或美好的。

针砭

古义：“砭”可能是我们祖先最原始的治病手段之一，“针砭”指用石针扎。

今义：“针砭”比喻发现或指出错误，以求改正。

博弈

古义：“博”和“弈”原本是我国古代两种由智力游戏发展而成的棋类运动。“博”指六博，“弈”指围棋。

今义： 比喻为谋取利益而竞争。

模范

古义：“模”和“范”是铸造青铜器时必不可少的两种物品。

今义： 值得学习的、作为榜样的人；可以作为榜样的，值得学习的。

斧削

古义：“削”在古代指书刀。古人把字写在竹条或木片上，一旦写了错字，就要用“削”将错字削掉，如同橡皮一样。后来，人们在请他人审读、指正自己的文章时，便有了恳请“斧削”一词。

今义：斧正，请他人修改文章。

锻炼

古义：古人在炼钢时，把加热锻打一次叫一湅，“湅”字在古书中也常被写作“炼”。东汉时期的刀剑上有“五十湅”“百湅清刚（钢）”的字样，曹操的文章中也提到“百湅利器”，后来就有了成语“百炼成钢”。

今义：比喻久经锻炼，变得非常坚强。

饕餮

古义：“饕餮”是传说中的一种凶恶贪食的野兽。古代鼎、彝等铜器上面常用它的头部形状做装饰，叫作饕餮纹。

今义：比喻凶恶贪婪的人；比喻贪吃的人；丰盛的，可以充分享用的。

鉴定

古义：“鉴”指的是铜器。

今义：鉴别和评定（人的优缺点）；评定人的优缺点的文字；辨别并确定事物的真伪、优劣等。

漆黑

古义：“漆”是自然界的产物，是漆树的汁液，刚流出的漆液被称为“生漆”，生漆在暴晒后会变成“熟漆”。在熟漆中加入氢氧化铁，就会制成黑色的漆，故有“漆黑”一说。

今义： 颜色非常黑；非常暗，没有光亮。

成绩

古义： 古代麻纺织的一道工序。

今义： 工作或学习的收获。

镀金

古义：“镀金”指的是一种主要对金属器物表面进行装饰的技术。

今义： 在器物的表面上镀上一层薄薄的金子；比喻为了取得虚名而到某种环境去深造或锻炼。

火候

古义：“火候”的本义是人们观察到的火焰颜色。

今义： 烧火的火力大小和时间长短；比喻修养程度的深浅；比喻紧要的时机。

瓦解

古义：“瓦解”指的是古代制瓦时，工匠将拉坯做成的泥巴大圆圈等分切成瓦坯的过程。

今义： 像瓦器碎裂一样崩溃或分裂；使对方的力量崩溃或分裂。

陶瓷

古义：“陶”和“瓷”是两种不同的物质。“陶”是由黏土烧制而成，“瓷”是由瓷土烧制而成。

今义： 陶器和瓷器的合称；泛指无机非金属材料经高温烧成的坚硬多晶体，有些种类具有优良的物理、化学性能，在工程、医学和高技术领域应用广泛。

琢磨

古义：“琢”指加工玉器，“磨”指加工石器。

今义：雕刻和打磨（玉石）；加工使精美（指文章等）；思索，考虑。

鼓吹

古义：“鼓吹”原本是指古代的一种用鼓、笛、笳、角、排箫等乐器合奏的音乐。

今义：宣传提倡；吹嘘。

参差

古义：“参差”是一种能吹奏的乐器，在唐代盛行，不过它在唐代的名称叫“排箫”。排箫由多根细管组成，长短不一，实在是参差不齐，所以古人就将它命名为“参差”了。

今义：长短、高低、大小不齐，不一致；大约，几乎；错过，蹉跎。

权衡

古义：“权”和“衡”最初指的是两种称重的器物，需要配合使用。

今义：表示“衡量、考虑”的意思，如“权衡利弊”“权衡得失”“权衡轻重”。

度量

古义：“度量”原本是与人们生活密切相关的两种工具。“度”用来计量物体的长短，“量”用来计量物体的容积。

今义：指能宽容人的限度，也作肚量。

运筹

古义：“筹”又叫策、算子、算筹，是我们祖先发明的一种运算工具。

今义：制定策略；筹划。

管辖

古义：“辖”是古代固定车轮的零件；“管”在古代指开门的钥匙。

今义：管理、统辖之意。

计较

古义：“较”指的是古代车厢左右两侧栏杆上安装的一件供人倚扶的横把手。由于通过“较”的材质和装饰，人们能辨别乘车人的身份和地位，所以就有了“计较”之说。

今义：计算比较；争论；打算，计议。

巾帼

古义：一种被称为“假髻”的配饰，是古代女子的专用物品。

今义：借指妇女。

布衣

古义：古代平民百姓用麻制的较粗糙的布制成的衣服被称为“布衣”。衣料等级低下和身份低下画了等号，于是“布衣”就成了一些人的代称。

今义：布衣服。